Immo Maier

Ausbildereignung kompakt

Prüfungswissen im Überblick

W0044333

Das zu diesem Buch passende Arbeitsmittel:

Brigitte Brakelmann
Die Ausbildereignungsprüfung in Frage und Antwort

ISBN 978-3-06-450713-5

Verlagsredaktion: Erich Schmidt-Dransfeld
Technische Umsetzung: TypeArt, Grevenbroich
Layout: vitaledesign, Berlin / Type Art, Grevenbroich
Umschlaggestaltung: vitaledesign, Berlin
Titelfoto: Robert Kneschke / Fotolia.com

Informationen über Cornelsen Fachbücher und Zusatzangebote:
www.cornelsen.de/berufskompetenz

1. Auflage, 3. Druck 2016

© 2012 Cornelsen Verlag, Berlin
© 2016 Cornelsen Schulverlage GmbH, Berlin

Druck: orthdruk, Bialystok

ISBN 978-3-06-151003-9

 Inhalt gedruckt auf säurefreiem Papier aus nachhaltiger Forstwirtschaft.

Vorwort

Dieser Band bietet das Wesentliche des Prüfungswissens für die Ausbildereignungsprüfung in sehr kompakter Form. Er berücksichtigt den aktuellen Rahmenplan nach der Ausbilder-Eignungsverordnung (AEVO).

Entsprechend der 2009 neu verfassten AEVO ist das Buch in vier Handlungsfelder eingeteilt. Auch die Feingliederung stützt sich überwiegend auf diesen Rahmenplan.

Mit dem Durcharbeiten des Buches kann der Prüfungsstoff wiederholt werden. Angesprochen sind damit alle, die kurz vor der Prüfung in knapper Zeit das Wesentliche nochmals durchgehen und mögliche Wissenslücken schließen möchten. Auch als Begleitmaterial für kompakte Prüfungsvorbereitungskurse, die oft auf wenige Tage konzentriert sind, eignet sich der Band.

Für ein tiefer gehendes Prüfungstraining ist es ratsam, auch Prüfungsaufgaben übungshalber zu lösen. Dazu wird auf das in der gleichen Buchreihe erschienene Buch „Die Ausbildereignungsprüfung in Frage und Antwort" verwiesen.

Wer sich darüber hinaus mit dem „Ausbilderstoff" umfassender beschäftigen möchte, um sich in der Praxis als Ausbilder gut zu behaupten, sollte bei nächster Gelegenheit vom weiter gehenden Literaturangebot Gebrauch machen.

Hinweis: Zur Vereinfachung und besseren Lesbarkeit wird nach männlichen und weiblichen Auszubildenden nicht unterschieden und nur von dem Auszubildenden gesprochen.

Viel Erfolg bei Ihrer Prüfung wünschen Ihnen Autor und Verlag.

Inhaltsverzeichnis

Einführung

Auch wenn der vorliegende Band als „Crashkurs" schnell in den Prüfungsstoff einsteigen muss, soll in der Einführung etwas zum Kontext ausgeholt und auf das Verständnis von Ausbildung und die Rolle von Ausbilderinnen und Ausbildern im Gesamtgeschehen der Berufsbildung eingegangen werden.

Die Zielsetzung der Ausbildung besteht in der Gewinnung von kompetenten und qualifizierten Mitarbeitern. Was aber darunter zu verstehen ist, verändert sich mit den Anforderungen in der Wirtschaft. Das gesamte wirtschaftliche Leben hat sich gewandelt. Noch in den 80er-Jahren des 20. Jahrhunderts war es üblich, dass der Mensch im westlichen Europa und in vielen weiteren Teilen der Welt mit ähnlichen wirtschaftlichen und gesellschaftlichen Strukturen einen Beruf erlernt und diesen sein Leben lang ausgeübt hat, oft über die gesamte Zeit der Berufstätigkeit im selben Unternehmen.

Heute und in Zukunft in immer stärkerem Maße werden wir einen Beruf erlernen, aber im Laufe unserer Erwerbstätigkeit eine Reihe völlig unterschiedlicher Tätigkeiten und diese zum Teil parallel in derselben Zeit ausführen.

International entsteht ein ständig wachsender Konkurrenzkampf. Produziert wird immer mehr an kostengünstigeren Standorten im Ausland. Im Land verbleiben Tätigkeiten in technisch anspruchsvolleren Produktionsbereichen, in der Forschung und Entwicklung sowie im Kommunikations- und Informationsbereich, darunter insbesondere dispositive Tätigkeiten wie Planen, Entscheiden oder Kontrollieren.

Folglich wird vom Arbeitnehmer mehr verlangt, als nur erlernte Arbeiten immer wieder auszuführen. Die Wirtschaft benötigt heute Personal, das Entscheidungen trifft, kreativ denken kann und Problemlösungsfähigkeiten besitzt. Die Mitarbeiter müssen sich in andere hineindenken und mit anderen umgehen können. In der beruflichen Bildung hat sich dies in der Orientierung an Kompetenzmodellen niedergeschlagen, deren Kenntnis mit zur Ausbildereignung gehört.

Humankapital wird heute großgeschrieben, auch wenn in Zeiten von oder kurz nach Wirtschafts- oder Finanzkrisen vor allem von den großen Unternehmen zunächst an den kurzfristigen Erfolg gedacht wird. Der Blickwinkel der Personalentwicklung richtet sich daher auf die zukunftsgerichtete Gestaltung der „Human Resources". In der Ausbildung gilt es, den Auszubildenden die hierfür nötigen Fähigkeiten zu vermitteln. Dies zeigt sich in der überall geforderten Förderung der Handlungskompetenz, die sowohl die Fach- wie auch die Sozial-, Methoden- und Individualkompetenz umfasst.

Vor etwa 100 Jahren ist in der Wirtschaft die Sicht entwickelt worden, die Arbeitsteilung im großen Stil würde viel voranbringen. Frederick Taylor war ein Hauptverfechter dieser Theorie, die in den Folgejahren vom Autohersteller Ford mit der Fließbandfertigung der „Tin Lizzy" in die Praxis umgesetzt wurde (erstes Automobil, das in Fließbandfertigung hergestellt wurde und für die breite Masse der Bevölkerung erschwinglich war; gefertigt ca. 1908 bis 1927).

Die Spezialisierung der Mitarbeiter auf wenige Tätigkeiten erhöhte zunächst die Produktivität. Jeder Mitarbeiter hatte seine wenigen Handgriffe in Einzelarbeit mit hohem zeitlichen Druck zu erledigen. Immer mehr zeigte es sich, dass damit auch die Monotonie und Entfremdung anstiegen. Die einseitige Belastung durch ständig gleiche Tätigkeiten wirkte sich auch vom gesundheitlichen Standpunkt negativ aus.

Folglich mussten Mittel und Wege gefunden werden, sich vom sogenannten Taylorismus zu verabschieden. Jobrotation, Jobenlargement, Jobenrichment und Gruppenarbeit wurden eingeführt. Damit verdeutlichte sich die Notwendigkeit teamfähiger Mitarbeiter. Sozialkompetenz war immer stärker gefragt.

Auch infolge des demografischen Wandels und dem daraus entstehenden Fachkräftemangel steigt die Bedeutung der Personalentwicklung. Einen ganz beträchtlichen Anteil stellt die berufliche Ausbildung dar. Hier können die Unternehmen selbst dafür sorgen, dass ihnen in der Zukunft Personal mit den für sie notwendigen Qualifikationen zur Verfügung steht.

1

Ausbildungsvoraussetzungen prüfen und Ausbildung planen

- Ziele und Kosten der betrieblichen Ausbildung
- Planung der Ausbildung nach Personalbedarf
- Strukturen des Berufsbildungssystems
- Ausbildungsberufe für den Betrieb auswählen
- Eignung des Betriebs für die Ausbildung
- Vorbereitende Maßnahmen für die Berufsausbildung
- Abstimmung der Aufgaben

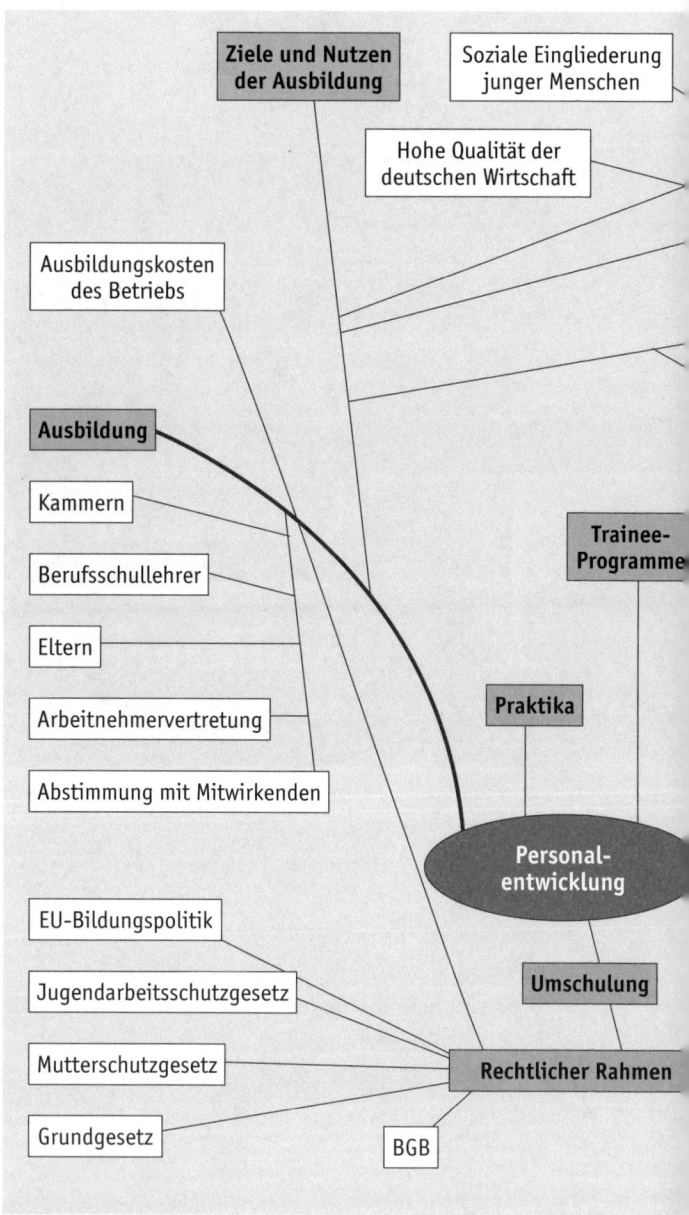

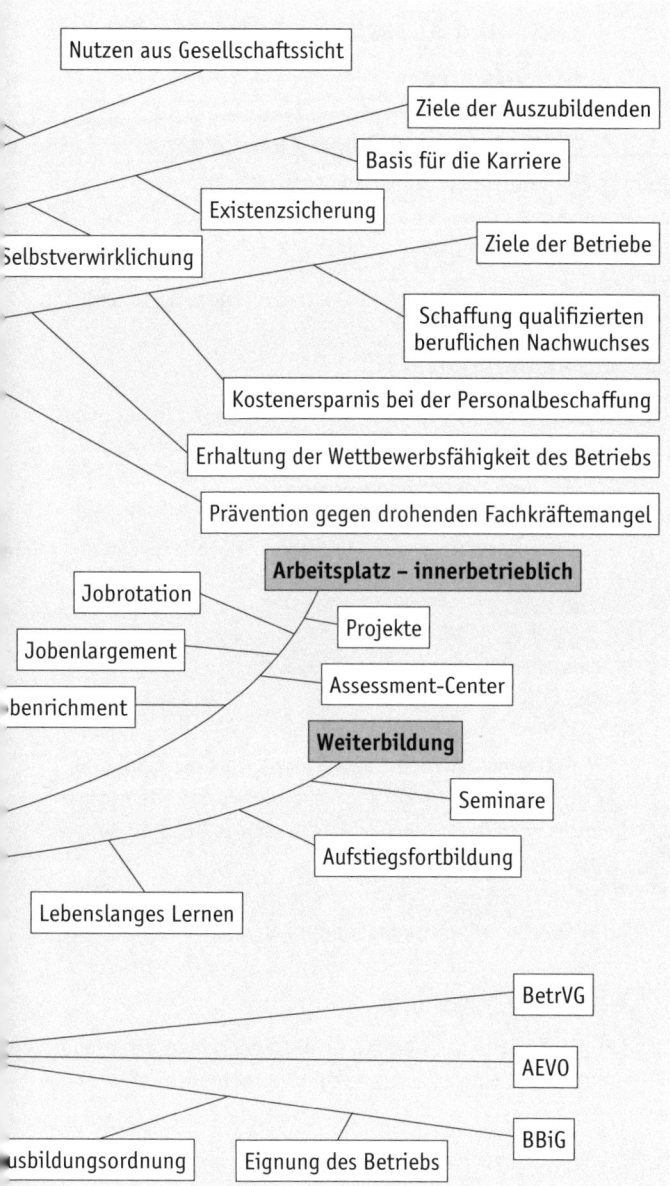

Nutzen aus Gesellschaftssicht

Ziele der Auszubildenden

Basis für die Karriere

Existenzsicherung

Ziele der Betriebe

Selbstverwirklichung

Schaffung qualifizierten beruflichen Nachwuchses

Kostenersparnis bei der Personalbeschaffung

Erhaltung der Wettbewerbsfähigkeit des Betriebs

Prävention gegen drohenden Fachkräftemangel

Arbeitsplatz – innerbetrieblich

Jobrotation

Projekte

Jobenlargement

Assessment-Center

benrichment

Weiterbildung

Seminare

Aufstiegsfortbildung

Lebenslanges Lernen

BetrVG

AEVO

BBiG

usbildungsordnung

Eignung des Betriebs

1.1 Ziele und Kosten der betrieblichen Ausbildung

1.1.1 Ziele der beruflichen Ausbildung

Die deutsche Wirtschaft braucht qualifizierte Nachwuchskräfte, um im immer härter werdenden internationalen Wettbewerb standhalten zu können. Dafür hat die Berufsbildung zu sorgen.

In Deutschland gibt es viele Wege, die zu einem qualifizierten Beruf führen. Den am häufigsten gegangenen Weg stellt das **duale Ausbildungssystem** dar:

Die Ausbildung verläuft im Betrieb und begleitend in der Berufsschule.

Überbetriebliche Ausbildungsstätten wie sie von den Kammern, Innungen, Fachverbänden oder verschiedenen Bildungsträgern eingerichtet werden, bieten überbetriebliche Kurse zur Ergänzung der betrieblichen Ausbildung an.

> **§ 2 Berufsbildungsgesetz (BBiG) Lernorte der Berufsbildung**
>
> (1) Berufsbildung wird durchgeführt
> 1. in Betrieben der Wirtschaft, in vergleichbaren Einrichtungen außerhalb der Wirtschaft, insbesondere des öffentlichen Dienstes, der Angehörigen freier Berufe und in Haushalten (betriebliche Berufsbildung),
> 2. in berufsbildenden Schulen (schulische Berufsbildung) und
> 3. in sonstigen Berufsbildungseinrichtungen außerhalb der schulischen und betrieblichen Berufsbildung (außerbetriebliche Berufsbildung).
>
> (2) Die Lernorte nach Absatz 1 wirken bei der Durchführung der Berufsbildung zusammen (Lernortkooperation).

Warum wird in den Betrieben ausgebildet?

Das **Ziel der Betriebe** ist die Schaffung qualifizierten beruflichen Nachwuchses zur Erhaltung der Wettbewerbsfähigkeit des Betriebs im Sinne von handlungskompetenten Mitarbeitern. Ihre wesentliche Aufgabe in der Ausbildung besteht nach

> **§ 14 (1) Nr. 1 BBiG Berufsausbildung (darin),**
> dafür zu sorgen, dass den Auszubildenden die berufliche Handlungsfähigkeit vermittelt wird, die zum Erreichen des Ausbildungsziels erforderlich ist, und die Berufsausbildung in einer durch ihren Zweck gebotenen Form planmäßig, zeitlich und sachlich gegliedert so durchzuführen, dass das Ausbildungsziel in der vorgesehenen Ausbildungszeit erreicht werden kann.

Auszubildende können von der Ausbildung folgendermaßen profitieren:
- Sicherung der wirtschaftlichen Existenz
- berufliche Aufstiegsmöglichkeiten
- sozialer Status: Bedeutung des Berufs für das Ansehen in der Gesellschaft
- Selbstverwirklichung: Entwicklung ihrer Fähigkeiten entsprechend Eignung und Interesse

1.1.2 Kosten und Nutzen der betrieblichen Ausbildung aus Sicht des Betriebs sowie der Gesellschaft

Dem **Betrieb** entstehen u.a. folgende Ausbildungskosten:
- Ausbildungsvergütung
- Prüfungsgebühren
- Kosten des Ausbilders
- Investition in Lehr- oder Ausbildungswerkstatt, Lern- oder Ausbildungsbüro, Anlagen und Ausbildungsmittel

Dabei besteht für den Betrieb keinerlei Garantie, dass Auszubildende die Ausbildung auch zu Ende führen und im Unternehmen bleiben.

Die Ausbildung bringt für die Betriebe eine Reihe von Vorteilen:
- Produktive Leistungen durch Auszubildende mit motivierender und Handlungskompetenz fördernder Wirkung
- Einsparen von Personalbeschaffungskosten und Einarbeitungskosten von alternativ extern erworbenem Personal
- Fehlbesetzungen bei extern erworbenem Personal werden verhindert
- Im Betrieb ausgebildete Mitarbeiter halten diesem mit hoher Wahrscheinlichkeit die Treue
- Das Ansehen des Betriebs steigt.

Aus **Sicht der Gesellschaft** ergeben sich durch die betriebliche Ausbildung folgende Vorteile:
- Um wettbewerbsfähig zu bleiben, müssen sich die Betriebe ständig auf dem neuesten Stand halten. Die Ausbildung findet daher immer innerhalb moderner betrieblicher Rahmenbedingungen statt.
- Die hohe Qualität der deutschen Wirtschaft ist auch auf das duale Ausbildungssystem zurückzuführen.
- Junge Menschen werden durch die Betriebe sozial und beruflich in die Arbeitswelt eingeführt.

1.2 Planung der Ausbildung aufgrund des zukünftigen Personalbedarfs

1.2.1 Ausbildung und Personalentwicklung

> § **§ 1 BBiG Ziele und Begriffe der Berufsbildung**
> (1) Berufsbildung im Sinne dieses Gesetzes sind die Berufsausbildungsvorbereitung, die Berufsausbildung, die berufliche Fortbildung und die berufliche Umschulung.

Unter Personalentwicklung ist die Bildung und Förderung des Personals zu verstehen. Dazu zählen:

- Praktika
- Ausbildungen
- Trainee-Programme (für Studienabgänger als zukünftige Führungskräfte) hinführend zum Arbeitsplatz
- Jobrotation (abwechselnd auf verschiedenen Arbeitsplätzen eingesetzt)
- Jobenlargement (Tätigkeitserweiterung um Arbeiten gleichen Rangs)
- Jobenrichment (Tätigkeitserweiterung um höherwertige Arbeiten)
- Teilnahme an Projekten
- Weiterbildungen in Seminaren
- Aufstiegsfortbildungen zum Fachwirt, Handwerks- oder Industriemeister, (geprüften) Betriebswirt, (geprüften) Technischen Betriebswirt usw.

Ein weiteres wichtiges Instrument ist das Assessment-Center, ein Auswahlverfahren und Förderungsinstrument, bei dem die jungen Mitarbeiter insbesondere bezüglich ihres Verhaltens bei Diskussionsrunden und in simulierten praxisnahen Problemsituationen beobachtet und beurteilt werden.

Die Personalentwicklung sorgt dafür, dass zukünftig aus den eigenen Reihen Mitarbeiter mit der benötigten Qualifikation zur Verfügung stehen.

Einen bedeutenden Faktor für die Personalpolitik stellt die demografische Entwicklung dar. Geburtenrückgang und Abwanderungen ins Ausland führen zu einem zunehmenden Fachkräftemangel. Frühzeitig sollten die Betriebe die Weichen stellen, um auch in der Zukunft über gute Fach- und Führungskräfte in ausreichender Anzahl zu verfügen.

Dabei ist auch die Zeitspanne vom Beginn der Ausbildung bis zur voll einsetzbaren Fachkraft zu beachten. Es müssen also dementsprechend Vorkehrungen getroffen werden.

Nicht alle begonnenen Ausbildungen führen, wie bereits erwähnt, zu den gewünschten Zielen eines erfolgreichen Abschlusses und der Gewinnung handlungskompetenter junger Mitarbeiter. Zu berücksichtigen sind mögliche Ausbildungsabbrüche, aber auch die Fluktuation erfahrener Mitarbeiter.

Ziele der Personalentwicklung:
- Verbesserung der Qualifikation der Mitarbeiter
- Zukünftig über Mitarbeiter mit der richtigen Qualifikation in der richtigen Anzahl zu verfügen – möglichst aus den eigenen Reihen

Vorteile:
Das Unternehmen kann sich einerseits bei der inhaltlichen Ausbildung am eigenen Bedarf orientieren.

Es kennt zum anderen Stärken und Schwächen, Einsetzbarkeit und Belastbarkeit der Mitarbeiter.

In unserem Wirtschaftssystem ist es heute notwendig, sich immer weiter zu bilden. Es wird von **lebenslangem Lernen** gesprochen. Hat es früher ausgereicht, einmal im Leben einen Beruf zu erlernen und diesen auszuüben, so wird es heute immer mehr nötig, in seinem Leben verschiedene Berufe, teilweise parallel zueinander, auszufüllen.

Aus-, Fort- und Weiterbildung haben eine hohe Bedeutung für das gesamte Unternehmen, eingegliedert in den Bereich Personalentwicklung.

Eine wichtige Basis der Berufsbildung ist die **Berufsausbildung im dualen System.**
„Zwei Drittel eines Altersjahrgangs erlernen einen anerkannten Ausbildungsberuf. Der größte Teil der Absolventen der Ausbildung im dualen System nimmt danach eine Arbeit als Fachkraft auf – viele nutzen später die Möglichkeiten der beruflichen Weiterbildung."
http://www.bmbf.de/pub/berufsausbildung_sichtbar_gemacht.pdf
D.h., die Ausbildung ist das Anfangsglied dieser Kette:
Berufsausbildung → Fort- und Weiterbildung → Führungskräfteentwicklung

1.2.2 Rechtliche Rahmenbedingungen

Die Berufsbildung in Deutschland ist durch das **Berufsbildungsgesetz** BBiG von 1969 mit Neufassung von 2005 geregelt.

Zuständig für die Berufsbildung sind nach § 71 BBiG in erster Linie die Kammern (IHK, Handwerkskammer, Landwirtschaftskammer, Ärzte- und Zahnärztekammer, Rechtsanwaltskammer, Steuerberaterkammer etc.).

§ 71 BBiG Zuständige Stellen

(1) Für die Berufsbildung in Berufen der Handwerksordnung ist die Handwerkskammer zuständige Stelle im Sinne dieses Gesetzes.

(2) Für die Berufsbildung in nichthandwerklichen Gewerbeberufen ist die Industrie- und Handelskammer zuständige Stelle im Sinne dieses Gesetzes.

(3) Für die Berufsbildung in Berufen der Landwirtschaft, einschließlich der ländlichen Hauswirtschaft, ist die Landwirtschaftskammer zuständige Stelle im Sinne dieses Gesetzes.

(4) Für die Berufsbildung der Fachangestellten im Bereich der Rechtspflege sind jeweils für ihren Bereich die Rechtsanwalts-, Patentanwalts- und Notarkammern und für ihren Tätigkeitsbereich die Notarkassen zuständige Stelle im Sinne dieses Gesetzes.

(5) Für die Berufsbildung der Fachangestellten im Bereich der Wirtschaftsprüfung und Steuerberatung sind jeweils für ihren Bereich die Wirtschaftsprüferkammern und die Steuerberaterkammern zuständige Stelle im Sinne dieses Gesetzes.

(6) Für die Berufsbildung der Fachangestellten im Bereich der Gesundheitsdienstberufe sind jeweils für ihren Bereich die Ärzte-, Zahnärzte-, Tierärzte- und Apothekerkammern zuständige Stelle im Sinne dieses Gesetzes.

§ (7) Soweit die Berufsausbildungsvorbereitung, die Berufsausbildung und die berufliche Umschulung in Betrieben zulassungspflichtiger Handwerke, zulassungsfreier Handwerke und handwerksähnlicher Gewerbe durchgeführt wird, ist abweichend von den Absätzen 2 bis 6 die Handwerkskammer zuständige Stelle im Sinne dieses Gesetzes.

(8) Soweit Kammern für einzelne Berufsbereiche der Absätze 1 bis 6 nicht bestehen, bestimmt das Land die zuständige Stelle.

(9) Mehrere Kammern können vereinbaren, dass die ihnen durch Gesetz zugewiesenen Aufgaben im Bereich der Berufsbildung durch eine von ihnen wahrgenommen wird. Die Vereinbarung bedarf der Genehmigung durch die zuständige oberste Bundes- oder Landesbehörde.

Die von den Kammern eingerichteten **Berufsbildungsausschüsse** haben nach

§ **§ 79 (1) BBiG u.a. die Aufgabe**
auf eine stetige Entwicklung der Qualität der beruflichen Bildung hinzuwirken.

Das **Jugendarbeitsschutzgesetz** enthält Vorschriften zum Schutz der Gesundheit für Auszubildende, in erster Linie für Jugendliche, hinsichtlich Arbeitszeit, Mindesturlaub, Erst- und Nachuntersuchung durch den Arzt, persönliche Eignungen der Ausbilder etc.

Das **Betriebsverfassungsgesetz** regelt die Mitbestimmung und Mitwirkung des Betriebsrats bei der Ausbildung wie auch die Vorschriften hinsichtlich Jugend- und Auszubildendenvertretung.

Die Vorschriften des **Mutterschutzgesetzes** sollen junge und werdende Mütter schützen.

Die **Ausbilder-Eignungsverordnung (AEVO)** beinhaltet die Vorschriften insbesondere über die Prüfung neuer Ausbilder.

Das **Grundgesetz** erlaubt die freie Berufswahl.

Für ca. 350 anerkannte Ausbildungsberufe bestehen eigene **Ausbildungsordnungen**. Bei deren Erstellung wirken das Bundesinstitut für Berufsbildung sowie von Arbeitnehmer- und Arbeitgeberseite beauftragte Sachverständige zusammen. Die Ausbildungsordnungen werden vom Bundesministerium für Wirtschaft und Technologie oder den sonst zuständigen Fachministerien im Einvernehmen mit dem Bundesministerium für Bildung und Forschung erlassen, vgl. § 4 (1) BBiG.

Für die einzelnen Ausbildungs- und Fortbildungsberufe existieren eigene **Prüfungsordnungen**.

Zur Regelung der Ausbildungsverhältnisse werden zwischen Ausbildenden und Auszubildenden bzw. deren gesetzlichen Vertretern **Berufsausbildungsverträge** geschlossen und bei der Kammer zur Eintragung eingereicht.

Das **Bürgerliche Gesetzbuch** beinhaltet neben der Vertragsfreiheit die Verpflichtung, Verträge einzuhalten, sowie die Schadensersatzpflicht bei Nichterfüllung.

1.3   Strukturen des Berufsbildungssystems

1.3.1   Entstehung der dualen Berufsausbildung

In Handwerk und Handel wurde bereits im Mittelalter ausgebildet. Die Ausbildung wurde über Zünfte und wird seit Ende des 19. Jahrhunderts über die Handwerkskammern geregelt. Handwerksmeister nahmen sich der Lehrlinge an, führten sie in ihre Familien ein und zogen sie mit teilweise harter Hand zum Gesellen heran.

In den Handwerksbetrieben wurden auch die Facharbeiter für die Industrie ausgebildet. Eine eigene Ausbildung der Industrie existiert seit Ende des 19. Jahrhunderts.

Die Prüfung der Ausbildungsberufe wurde zunächst von den handwerklichen Innungen abgenommen. 1930 führten die IHKs zum ersten Mal die Prüfungen für Facharbeiter und kaufmännische Berufe durch.

Seit 1969 wird die betriebliche Ausbildung durch das **Berufsbildungsgesetz** geregelt. 2005 wurde das Berufsbildungsgesetz erneuert.

1.3.2 Merkmale des dualen Systems

Berufsschule und Betrieb wirken als Lernorte zusammen. Ihre wesentlichen Unterschiede bestehen in den folgenden Punkten:

Betrieb	Berufsschule
Ausbildungsordnungen des Bundes	Rahmenlehrpläne der Länder
privatrechtlich	öffentlich-rechtlich
Berufsbildungsgesetz des Bundes	Schulgesetze der Länder
Praxis durch Unterweisung	Theorie durch Unterricht
Erlernen betriebsspezifischer Fertigkeiten und Kenntnisse	Erlernen betriebsunabhängiger Fertigkeiten und Kenntnisse

1.3.3 Das deutsche Schulsystem

Das deutsche Schulsystem ist nicht bundeseinheitlich aufgebaut. Schularten, Bezeichnungen der Schulformen und die Dauer des Schulbesuchs weichen je nach Bundesland ab. Die folgende Tabelle gibt eine grobe (aber nicht vollständige) Übersicht über die häufig angebotenen Schulformen mit den dafür überwiegend anzutreffenden Bezeichnungen.

Allgemeinbildende Schulen

Grundschule	Klassen 1 bis 4 (in Berlin bis Klasse 6)
Hauptschule (in Bayern: Mittelschule)	Klassen 5 bis 9 (oder 10); differenzierte Abschlussmöglichkeiten, z.B. qualifizierender Hauptschulabschluss Jahrgangsstufe 9, M-Zug in Jahrgangsstufe 10)
Realschule	Klassen 5 bis 10; Abschluss z.B. mittlere Reife, mittlerer Schulabschluss, Fachoberschulreife, Sekundarabschluss I (anschließend Besuch beruflicher Schulformen oder Oberstufe Gymnasium)
Gymnasium	Nach der Grundklasse acht Klassen mit Abschluss Abitur, damit allgemeine Hochschulreife
Gesamtschule	(Räumliche) Zusammenfassung von Haupt-/Mittel- und Real- schulen sowie Gymnasium; Kooperation dieser drei Zweige (andere Formen des Zusammenschlusses stellen z.B. Sekun- darschulen mit auch unterrichtlicher Zusammenarbeit dar)
Sonder- oder Förderschule	Für geistig, körperlich oder im Lernen beeinträchtigte Kinder/ Jugendliche, die weiter gehende Betreuung benötigen

Berufsbildende Schulen

(Duale) Berufsschule	Schulischer Lernort für Jugendliche, die eine duale Ausbildung absolvieren. Die Berufsschulpflicht ist in den einzelnen Bundesländern unterschiedlich geregelt. So erstreckt sie sich in Bayern im Anschluss an eine neunjährige Vollzeitschulpflicht in der Regel noch über drei Jahre. Sie endet mit dem Abschluss einer staat- lich anerkannten Berufsausbildung, spätestens mit dem Ende des Schuljahres, in dem das 21. Lebensjahr vollendet wird (in anderen Bundesländern mit dem Ende des Schuljahres, in dem das 18.Lebensjahr vollendet wird). Auszubildende mit Hoch- schulreife sind davon ausgenommen.

	Der Unterricht läuft entweder in Teilzeitform an einem oder zwei Werktagen oder in Form eines Blockunterrichts in Abschnitten von mehreren Wochen plus 2 x 6 Wochen Vollzeit-unterricht pro Jahr.
Berufsvorberei-tungsjahr	Führt Schulabgänger von Haupt-/Mittel- oder Sonderschulen zur Berufsreife; berufsfeldorientierter Teil und allgemeiner Teil (führt zum Hauptschulabschluss)
Berufsgrund-bildungsjahr	Spezielle Form des ersten Ausbildungsjahres; erste Stufe als breite berufliche Grundbildung, anschließend drei Fachstufen. Das Grundbildungsjahr wird bei Erfolg als erstes Ausbildungs-jahr angerechnet. Es kann auch zum fehlenden Hauptschulabschluss führen.
Berufsfach-schule	Mindestens einjähriger Vollzeitunterricht; berufsvorbereitend oder erste berufliche Grundbildung, z.B. Handelsschulen mit einem der mittleren Reife gleichwertigem Abschluss. An einigen Formen der Berufsfachschule kann auch die gesamte Ausbildung stattfinden (in einigen Branchen, z.B. Glasfachschule, Uhrmacherschule, Schule für Pflegeberufe).
Fachoberschule	Nach der mittleren Reife / Fachoberschulreife kann die Jahr-gangsstufe bzw. Klasse 11 und 12 besucht werden. Mit abge-schlossener Berufsausbildung ist der Eintritt in die 12. Klasse möglich. In der dreijährigen Form mit Jahrgangsstufe 13 kann auch die allgemeine Hochschulreife erreicht werden, ansonsten wird mit der Fachhochschulreife abgeschlossen.
Berufliches Gymnasium	Auch Fachgymnasium; dreijährig, Jahrgangsstufe 11 bis 13. Die Leistungsfächer entsprechen dem beruflichen Schwerpunkt. Es führt zur allgemeinen Hochschulreife.

Fachschule	Zum Beispiel Technikerschule, Fachschule für Wirtschaft; in Vollzeitform zwei Jahre; Voraussetzung: abgeschlossene Hauptschule/Mittelschule + abgeschlossene Berufsausbildung + ein bis zwei Jahre Berufserfahrung; Abschlüsse: z.B. staatlich geprüfter Techniker/Betriebswirt
Berufsober- schule	Voraussetzung: mittlere Reife/Fachoberschulreife und abge- schlossene Berufsausbildung; mindestens zwei Jahre. Sie führt zur fachgebundenen Hochschulreife.

Hochschulen

Berufsakademie	Ermöglicht das sog. duale Studium; in der Berufsakademie erfolgt die theoretische Wissensvermittlung, im Betrieb die praktische Ausbildung. Ihr Abschluss ist mit einem Hochschulabschluss vergleichbar.
Fachhochschule	Nach Besuch der Fachoberschule oder des Gymnasiums; Abschluss mit Bachelor/Master
Universität	Voraussetzung: allgemeine Hochschulreife, teilweise Numerus clausus; Abschluss mit Bachelor/Master oder 1. Staatsexamen

Ein Hochschulstudium ist auch ohne Abitur möglich, z.B. durch den erfolgreichen Abschluss einer Aufstiegsfortbildung. Der Abschluss einer Fortbildung mit einem Meister oder einem Fachwirt wird im Deutschen Qualifikationsrahmen dem Bachelor gleichgesetzt.

Das duale Studium findet große Beliebtheit. Das Studium wird hierbei mit der Praxis in Unternehmen kombiniert. Neben dem Studium wird entweder im Unternehmen bereits gearbeitet oder es findet im Unternehmen eine Ausbildung statt. Im letzteren Fall findet der Berufsschulunterricht entweder in gekürzter Form statt oder wird im Hochschulstudium integriert.

1.3.4   Europäische Ausbildungssysteme

Die Ausbildung in Dänemark, Österreich und der Schweiz läuft in der Form von **dualen Systemen**, ähnlich wie in Deutschland.

In Großbritannien findet eine innerbetriebliche Berufsausbildung statt, in wenigen Berufen auch eine duale Ausbildung.

In Frankreich wird in der Schule vollzeitlich und zum Teil auch in Großbetrieben ausgebildet. Innerhalb von zwei Jahren werden die Auszubildenden 12 bis 24 Wochen in Betrieben beschäftigt.

Die Ausbildung in Italien und Belgien wird vollzeitlich in der Schule durchgeführt.

1.3.5   Berufsbildungspolitik der EU

Die Einführung eines **Europäischen Qualifikationsrahmens (EQR/EQF)** soll zu einer internationalen Vergleichbarkeit und Anerkennung der Aus- und Weiterbildung zumindest innerhalb der EU führen.

Entsprechend wird auch in Deutschland ein **Qualifikationsrahmen (DQR)** entwickelt.

Die „alternierende Ausbildung" wird angestrebt: Die Ausbildung in der Schule und die Ausbildung im Betrieb sollen verbunden werden (duale Ausbildung). Vorbild ist u.a. das duale System in Deutschland.

Als ein wesentlicher Vorteil wird ein erleichterter Übergang von der Schule ins Erwerbsleben gesehen. Die Auszubildenden lernen einerseits praktisch im Betrieb zu arbeiten und bauen andererseits durch einen systematischen Unterricht in der Schule ihre Allgemeinbildung aus und erwerben theoretische berufliche Kenntnisse.

Die EU möchte den Ländern keine einheitliche Bildungspolitik aufdrängen, sondern lediglich eine Unterstützung der Mitgliedsländer hinsichtlich der Bildungspolitik bieten. Dies ist in den Verträgen von Maastricht und Amsterdam unter Beachtung des **Subsidiaritätsprinzips** verankert. Die EU fördert u.a. auch den Austausch der Auszubildenden in der Aus- und Weiterbildung (Leonardo-da-Vinci-Programm).

1.4 Ausbildungsberufe für den Betrieb auswählen

Der **Ausbilder** übernimmt die Planung, Durchführung und Kontrolle der Berufsausbildung. Er bildet selbst aus oder sorgt dafür, dass sogenannte **Ausbildungsbeauftragte** (Fachkräfte) die Auszubildenden unterweisen.

Ausbildende sind der Unternehmer oder das Unternehmen, die den Auszubildenden einstellen.

Ihre Aufgaben sind die Auswahl der Ausbildungsberufe nach Bedarf des Unternehmens, die Mitwirkung bei der Auswahl und Einstellung der Auszubildenden, die Förderung der Auszubildenden und deren Beurteilung.

In Deutschland stehen zurzeit ca. 350 Ausbildungsberufe zur Wahl. Unter www.bibb.de veröffentlicht das Bundesinstitut für Berufsbildung jedes Jahr ein Verzeichnis der anerkannten Ausbildungsberufe.

Die Entscheidung für bestimmte Berufe muss gut vorbereitet sein. Die Auswahl orientiert sich am zukünftigen Fachkräftebedarf.

Handlungsauftrag:
- Wenn Sie dieses Buch individuell durcharbeiten: Suchen Sie sich im Internet die Statistik der zurzeit meistgewählten Ausbildungsberufe.
- Wenn Sie in einem Kurs arbeiten: Diskutieren Sie in der Gruppe, welche Ausbildungsberufe zurzeit gefragt sind, und präsentieren Sie das Ergebnis.

Der Bedarf in der Praxis ist ausschlaggebend für veränderte Ausbildungsinhalte oder neue Berufe mit neuen Ausbildungsordnungen. Die Vorbereitung und Anpassung der Ausbildungsordnung ist Aufgabe des Bundesinstitutes für Berufsbildung (BIBB).

Die **Ausbildungsordnung** beinhaltet laut § 5 BBiG das **Ausbildungsberufsbild** (Mindestinhalte), den **Ausbildungsrahmenplan** (sachliche und zeitliche Gliederung) und die **Prüfungsanforderungen**.

Die Ausbildungsbetriebe haben nach

§ 1 (3) BBiG

§
- die notwendigen beruflichen Fertigkeiten, Kenntnisse und Fähigkeiten (berufliche Handlungsfähigkeit) in einem geordneten Ausbildungsgang zu vermitteln.
- ferner den Erwerb der erforderlichen Berufserfahrungen zu ermöglichen.

Vom Anforderungsprofil der Stelle zum richtigen Ausbildungsberuf

Die individuellen Stellenbezeichnungen der Unternehmen haben wenig Bedeutung. Wichtig sind die Anforderungen des Unternehmens an die zukünftig zu besetzende Stelle. Die zu erfüllenden Aufgabenstellungen werden in einer Tätigkeitsanalyse betrachtet. Durch Vergleich dieses sich ergebenden Anforderungsprofils mit dem Ausbildungsberufsbild und dem Ausbildungsrahmenplan der in Frage kommenden Ausbildungsberufe wird entschieden, welche Berufe im Unternehmen ausgebildet werden.

Fall 1: Die Anforderungen der zukünftig zu besetzenden Stellen liegen unter den Fertigkeiten und Kenntnissen des Ausbildungsrahmenplanes.
Nach dem Ausbildungsrahmenplan muss mehr vermittelt werden, als es für die zukünftige Tätigkeit notwendig wäre.
⇒ Überdeckung

Folge: Der Auszubildende kann nach Abschluss seiner Ausbildung sogar für anspruchsvollere Aufgaben eingesetzt werden, als für die Stelle vorgesehen ist. Während der Ausbildung im Betrieb muss er mit höherwertigen Aufgaben konfrontiert werden, als die Stelle eigentlich enthält.

Fall 2: Die Anforderungen der zukünftig zu besetzenden Stellen liegen über den Fertigkeiten und Kenntnissen des Ausbildungsrahmenplanes. Der Ausbildungsrahmenplan umfasst weniger Lerninhalte, als die zukünftige Tätigkeit benötigt.

⇒ Unterdeckung

Folge: Der Auszubildende muss zur Besetzung der Stelle mehr lernen als den Mindestinhalt des Ausbildungsrahmenplanes (Zusatzqualifikation). Der Auszubildende kann die zusätzlich im Betrieb geforderten Fertigkeiten und Kenntnisse während der Ausbildung oder auch nach Ausbildungsabschluss lernen.

Seit 2005 ist nach § 8 (1) BBiG bei berechtigtem Interesse wie etwa bei einer Mutterschaft auch eine Teilzeitausbildung möglich. Diese kann in der ursprünglich vorgegebenen Dauer oder auch in einer längeren Ausbildungsdauer unter Berücksichtigung der täglich verkürzten Ausbildungszeit durchgeführt werden.

1.5 Eignung des Betriebs für die Ausbildung

§ 14 (1) Nr. 1 BBiG: Ausbildende haben dafür zu sorgen, dass den Auszubildenden die berufliche Handlungsfähigkeit vermittelt wird, die zum Erreichen des Ausbildungszieles erforderlich ist.

§ 14 (1) Nr. 2 BBiG: Ausbildende haben selbst auszubilden oder einen Ausbilder oder eine Ausbilderin ausdrücklich damit zu beauftragen.

§ 14 (1) Nr. 3 BBiG: Der Ausbildende stellt für die Ausbildung wie auch für die Abschlussprüfung die notwendigen Ausbildungsmittel zur Verfügung.

§ 14 (1) Nr. 5 BBiG: Der Ausbildende sorgt für eine charakterliche Förderung und für die Vermeidung sittlicher oder körperlicher Gefährdung.

1.5.1 Eignung der Ausbildungsstätte

§ 27 (1) Nr. 1 BBiG ... nach Art und Einrichtung

D.h., aufgrund der Art und des Umfangs der Unternehmensleistungen sowie aufgrund des Verfahrens der Leistungserstellung können alle Inhalte der Ausbildungsordnung vermittelt werden.

Unter Einrichtung sind Maschinen, Werkzeuge, Büroeinrichtung etc. zu verstehen.

§ 27 (1) Nr. 2 BBiG

Die Zahl der Auszubildenden muss in einem angemessenen Verhältnis stehen

- zur Zahl der Ausbildungsplätze,
- zur Zahl der Fachkräfte (Ausbildungsbeauftragte).

Zu folgenden Zahlenverhältnissen wird vom BIBB geraten:
- Bei
    - 1–2 *Fachkräften maximal 1 Auszubildender*
    - 3–5 *Fachkräften maximal 2 Auszubildende*
    - 6–8 *Fachkräften maximal 3 Auszubildende*
- 1 nebenberuflicher Ausbilder für max. 3 Auszubildende
- 1 hauptberuflicher Ausbilder für max. 16 Auszubildende

Hauptberuflich bedeutet, sich ausschließlich mit Ausbildung zu befassen.

Die Ausbilder sind für die Planung, Kontrolle und Steuerung der Ausbildung verantwortlich. Sie vermitteln den Auszubildenden mit Unterstützung der Fachkräfte die für einen erfolgreichen Abschluss notwendigen Fertigkeiten, Kenntnisse und Fähigkeiten.

Falls Betriebe nicht alle Inhalte laut Ausbildungsordnung vollständig vermitteln können, kommen als Auswege in Betracht (§§ 10 (5) und 27 (2) BBiG):

Ausbildung im Verbund mit anderen Betrieben

- Ausbildung durch einen Partnerbetrieb für bestimmte Ausbildungsinhalte; beispielsweise lernt der angehende Metallbauer das Drehen in einem anderen Betrieb, weil beim ausbildenden Betrieb nur Bohr- und Fräsarbeiten durchgeführt werden.

- Verbund Großbetrieb und Kleinbetrieb – Grundausbildung in der Lehrwerkstatt des Großbetriebs
- Andere Unternehmen werden beauftragt, einzelne Ausbildungsabschnitte zu übernehmen (Auftragsausbildung).
- Mehrere mittelständische Unternehmen erstellen einen gemeinsamen Ausbildungsplan. Jeder Betrieb bildet die Auszubildenden aller beteiligten Betriebe jeweils in bestimmten Bereichen aus.
- Ein Ausbildungsverein als Ausbildender stellt Auszubildende ein, übernimmt auch die Steuerung der Ausbildung; jedes Mitglied bildet in einem anderen Bereich aus.

Bei Übertragung von Ausbildungsteilen an Partnerbetriebe ist zu beachten:

- Der ursprüngliche Ausbildungsbetrieb ist weiterhin Vertragspartner des Auszubildenden.
- Verpflichtungen für Verbundbetriebe sind vertraglich vereinbart.
- Auch der Partnerbetrieb muss als Ausbildungsstätte geeignet sein.
- Nach § 11 (1) Nr. 3 BBiG ist die Verbundausbildung in den Berufsausbildungsvertrag aufzunehmen.

Überbetriebliche Ausbildung

- Sie erfolgt für Ausbildungsinhalte, die vom Ausbildungsbetrieb selbst nicht vermittelt werden können, da die notwendigen Maschinen oder Fachkräfte nicht vorhanden sind oder bestimmte Leistungen im Betrieb nicht ausgeführt werden.
- Sie wird gestaltet z.B. als Verbund mit Kammern, Innungen und Fachverbänden, z.B. Ausbildungsstätte des Sparkassenverbandes.
- Sie erfolgt in mehrwöchigen Lehrgängen in überbetrieblichen Werkstätten, die von den Kammern und Innungen eingerichtet werden.

Außerbetriebliche Ausbildung

Dies ist eine Ausbildung, die vollständig oder nahezu vollständig durch staatliche Programme bzw. Programme der Arbeitsverwaltung ohne betrieblichen Ausbildungsvertrag finanziert wird. Die gesamte Ausbildung erfolgt in Berufsbildungseinrichtungen. Das Bundesinstitut für Berufsbildung beschreibt die „außerbetriebliche Ausbildung"* wie folgt:

> Mit **„außerbetrieblicher Ausbildung"** wird jene Form der Berufsausbildung bezeichnet, die „überwiegend öffentlich finanziert" wird und der Versorgung von Jugendlichen mit Marktbenachteiligungen, mit sozialen Benachteiligungen, mit Lernschwächen bzw. mit Behinderungen dient.
>
> Überwiegend öffentlich finanzierte (außerbetriebliche) Ausbildung wird nach dem Sozialgesetzbuch (SGB II und III), im Rahmen der Bund-Länder-Programme Ost sowie über (ergänzende) Länderprogramme durchgeführt.
>
> Maßgeblich für die Zurechnung zum außerbetrieblichen Vertragsvolumen ist die Finanzierungsform und nicht der Lernort. Überwiegend öffentlich finanzierte Ausbildung, die in Betrieben stattfindet, zählt demnach zur außerbetrieblichen Ausbildung.
>
> http://www.bibb.de/de/wlk30323.htm

1.5.2 Eignung des Ausbildungspersonals

§ 28 (1) BBiG

- Der Ausbilder muss persönlich und fachlich geeignet sein.
- Der Ausbildende muss persönlich geeignet sein.
- Ausbildungsbeauftragte müssen persönlich geeignet sein, brauchen aber nicht alle Kriterien der fachlichen Eignung nach § 30 BBiG zu erfüllen.

---

* Diese Form darf nicht mit schulischen Berufsausbildungen (z. B. in Berufsfachschulen) verwechselt werden, die ebenfalls „außerbetrieblich" stattfinden, jedoch nicht nach BBiG und SGB, sondern landesrechtlich geregelt sind und auf differenzierten Niveaus stattfinden.

§ 29 BBiG Persönliche Eignung

Nicht geeignet ist, wer bestimmte Straftaten begangen hat oder wer wiederholt oder schwer gegen das Berufsbildungsgesetz verstoßen hat. § 25 Jugendarbeitsschutzgesetz geht näher auf die genannten Straftaten ein.

§ 30 BBiG Fachliche Eignung

Vorausgesetzt wird eine abgeschlossene Berufsausbildung und der Nachweis berufs- und arbeitspädagogischer Fertigkeiten, Kenntnisse und Fähigkeiten, d.h. die AEVO-Prüfung sollte erfolgreich abgelegt sein.

§ 2 AEVO Berufs- und arbeitspädagogische Eignung
Die berufs- und arbeitspädagogische Eignung umfasst die Kompetenz zum selbstständigen Planen, Durchführen und Kontrollieren der Berufsausbildung in den Handlungsfeldern:
1. Ausbildungsvoraussetzungen prüfen und Ausbildung planen
2. Ausbildung vorbereiten und bei der Einstellung von Auszubildenden mitwirken
3. Ausbildung durchführen
4. Ausbildung abschließen

Die Kammern als **zuständige Stelle** haben nach § 32 BBiG über persönliche und fachliche Eignung sowie über die Eignung der Ausbildungsstätte zu wachen. Sie beschäftigen Berater, die allen an der Ausbildung Beteiligten zur Verfügung stehen.

Kommen Mängel zum Vorschein, fordert die Kammer als zuständige Stelle die Ausbildungsstätte zur Beseitigung innerhalb einer festgelegten bestimmten Frist auf.

Falls Mängel innerhalb dieser Frist nicht beseitigt sind, folgt eine Mitteilung der Kammer an die „nach Landesrecht zuständige Behörde" (z.B. Regierung des Bezirks).

§ 33 BBiG: Die „nach Landesrecht zuständige Behörde" kann die Einstellung und Ausbildung der Auszubildenden untersagen.

Weitere Anforderungen an die Ausbilder:

- Ausbilder als Coach
- Ansprechpartner, Berater und Vertrauensperson
- Vorbildfunktion
- Verständnis und Geduld

1.6 Vorbereitende Maßnahmen für die Berufsausbildung

Durch das Angebot von Praktika geben die Betriebe den Auszubildenden die Möglichkeit, sich ein Bild über berufliche Tätigkeiten zu machen.

Berufsausbildungsvorbereitungen nach §§ 68 bis 70 BBiG unterstützen Jugendliche, die durch Behinderung oder Krankheit benachteiligt sind, den Weg in die Berufstätigkeit aufnehmen zu können. Diese Maßnahmen werden von Betrieben und Schulen durchgeführt.

Das **Berufsgrundbildungsjahr** und das Berufsvorbereitungsjahr bieten Schulabgängern, die Probleme haben, einen Ausbildungsplatz zu bekommen, Alternativen. Beide dienen zum Einstieg in die Berufstätigkeit.

In manchen Bundesländern wird das Berufsgrundbildungsjahr als erstes Ausbildungsjahr angerechnet. Es hat Realschulniveau.

Im **Berufsvorbereitungsjahr** kann der Hauptschulabschluss nachgeholt werden.

In einem **Sonderprogramm zur Einstiegsqualifizierung** bieten Unternehmen noch nicht ausbildungsreifen Schulabgängern Praktika von 6 bis 12 Monaten an. Die Maßnahme soll auf die Ausbildung vorbereiten. Der Bund zahlt Zuschüsse zum Entgelt für den jungen Bewerber und übernimmt die Sozialversicherungsbeiträge. Der Betrieb kann prüfen, ob der junge Mensch ins Unternehmen passt und übernommen werden soll.

Nach § 66 BBiG können die zuständigen Stellen, also die Kammern, Sonderregelungen für die **Ausbildung Behinderter** schaffen, falls diese oder deren gesetzlichen Vertreter bzw. Vertreterinnen einen entsprechenden Antrag stellen. Damit sollen diese benachteiligten Menschen ausgebildet werden können, entweder in besonderen vereinfachten Berufen oder nach Möglichkeit in einem anerkannten Ausbildungsberuf.

1.7 Abstimmung der Aufgaben der an der Ausbildung Mitwirkenden

1.7.1 Mitbestimmungsrechte der Arbeitnehmervertretung

In Betrieben mit mindestens fünf wahlberechtigten ständigen Mitarbeitern sind gemäß § 1 BetrVG Betriebsräte zu wählen. Diese haben im Rahmen der Berufsausbildung Mitwirkungs- und Mitbestimmungsrechte. Mitwirkungsrechte sind Informations-, Vorschlags-, Anhörungs- und Beratungsrechte. Bei Mitbestimmungsrechten ist die Einflussnahme stärker. Darunter wird verstanden, dass der Betriebsrat Zustimmungsverweigerungs- und Widerspruchsrechte wie auch Initiativrechte ausüben kann.

Der Betriebsrat muss somit gemäß § 98 BetrVG Maßnahmen zur Berufsbildung zustimmen, damit diese ausgeführt werden dürfen. Dazu zählt die Bestellung eines Ausbilders. Er kann auch die Abberufung des Ausbilders verlangen (Initiativrecht), wenn dieser nach BBiG persönlich oder fachlich nicht geeignet ist oder seine Aufgaben vernachlässigt.

Bei Betrieben mit mindestens fünf Arbeitnehmern unter 18 Jahren oder Auszubildenden unter 25 Jahren ist eine Jugend- und Auszubildendenvertretung zu wählen. Diese vertritt die Interessen der Jugendlichen und Auszubildenden über den Betriebsrat im Unternehmen.

> § **§ 60 BetrVG Errichtung und Aufgabe**
>
> (1) In Betrieben mit in der Regel mindestens fünf Arbeitnehmern, die das 18. Lebensjahr noch nicht vollendet haben (jugendliche Arbeitnehmer) oder die zu ihrer Berufsausbildung beschäftigt sind und das 25. Lebensjahr noch nicht vollendet haben, werden Jugend- und Auszubildendenvertretungen gewählt.
>
> (2) Die Jugend- und Auszubildendenvertretung nimmt nach Maßgabe der folgenden Vorschriften die besonderen Belange der in Absatz 1 genannten Arbeitnehmer wahr.

1.7.2 Ausbildungsbeauftragte

Die Ausbildung wird neben dem Ausbilder auch von Fachkräften durchgeführt, den sogenannten Ausbildungsbeauftragten. Diese müssen nach § 28 (3) BBiG persönlich geeignet sein und selbst die benötigten Fertigkeiten, Kenntnisse und Fähigkeiten besitzen. Sie sollten auch ein Gespür haben für die Angelegenheiten junger Menschen und sich in sie hineinversetzen können.

1.7.3 Zusammenarbeit mit externen Beteiligten

Ausbilder haben auch eine Erziehungsaufgabe. Die Kontaktaufnahme zu den Eltern und gemeinsame Gespräche mit ihnen sind bei jugendlichen Auszubildenden sinnvoll.

Mit den Berufsschullehrern soll zusammengearbeitet und Verbindung gehalten werden. Viele Betriebe organisieren zu diesem Zweck Einführungsveranstaltungen mit Eltern und Berufsschullehrern.

Auch die Berufsberater der Agentur für Arbeit sind gefragt, insbesondere für die Gestaltung der beruflichen Pläne und Wege der jungen Menschen. Sie informieren über die verschiedenen Berufe und helfen bei der Suche nach Ausbildungsplätzen.

1.7.4 Kontakt zur zuständigen Stelle

Die Kammern überwachen und fördern die betriebliche Berufsausbildung. Ausbildungsberater der Kammern sind Ansprechpartner und Berater für alle Beteiligten in allen Fragen und
Problemstellungen der Berufsausbildung.

Die Berufsausbildungsverträge sind in das Berufsausbildungsverzeichnis der Kammern einzutragen.

Die Kammern fördern das Zusammenwirken zwischen Ausbildern und Berufsschullehrern und organisieren in ihren Räu-
men Veranstaltungen zum Erfahrungsaustausch.

Auch später in Fragen der Weiterbildung stehen die Kammern als Ansprechpartner für Betrieb und Mitarbeiter im Sinne
des lebenslangen Lernens zur Verfügung.

2

Ausbildung vorbereiten und bei der Einstellung von Auszubilden- den mitwirken

- Erstellung eines betrieblichen Ausbildungsplans
- Möglichkeiten der Mitwirkung und Mitbestimmung der betrieblichen Interessenvertretung berücksichtigen
- Kooperationsbedarf ermitteln und sich mit den Kooperationspartnern abstimmen
- Kriterien und Verfahren zur Auswahl von Auszubildenden
- Berufsausbildungsvertrag vorbereiten und Eintragung des Vertrags bei der zuständigen Stelle
- Vermittlung von Ausbildungsinhalten im Ausland

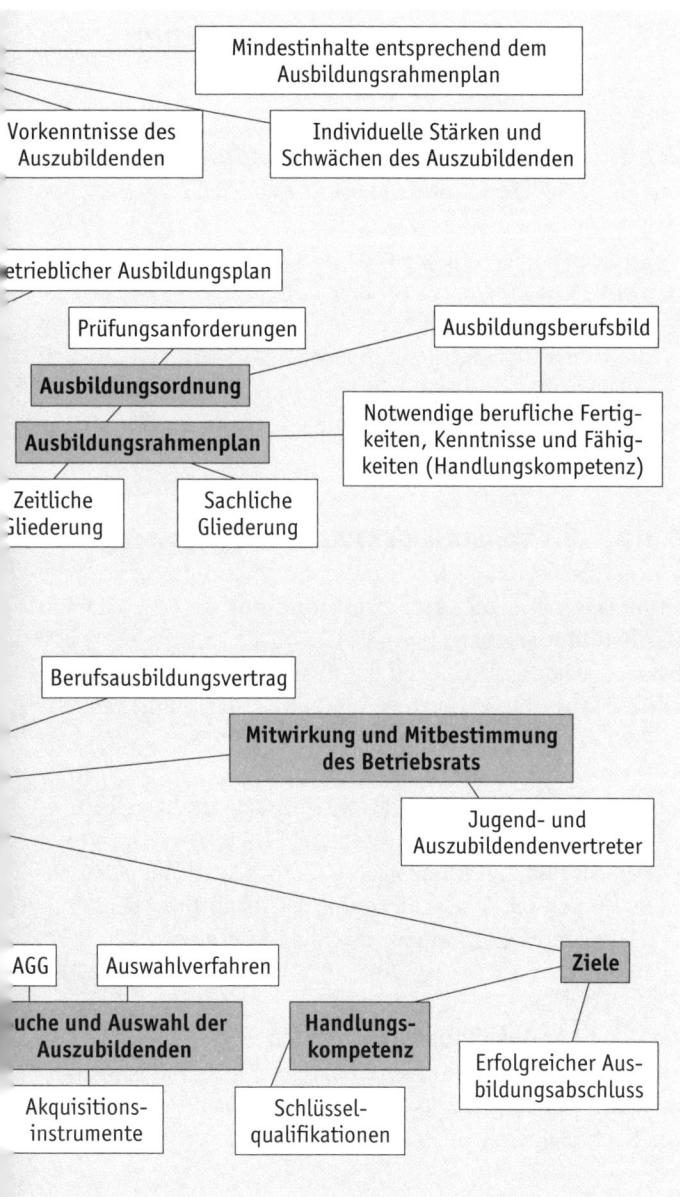

Mindestinhalte entsprechend dem Ausbildungsrahmenplan

Vorkenntnisse des Auszubildenden

Individuelle Stärken und Schwächen des Auszubildenden

etrieblicher Ausbildungsplan

Prüfungsanforderungen

Ausbildungsberufsbild

Ausbildungsordnung

Ausbildungsrahmenplan

Notwendige berufliche Fertigkeiten, Kenntnisse und Fähigkeiten (Handlungskompetenz)

Zeitliche Gliederung

Sachliche Gliederung

Berufsausbildungsvertrag

Mitwirkung und Mitbestimmung des Betriebsrats

Jugend- und Auszubildendenvertreter

AGG

Auswahlverfahren

Ziele

uche und Auswahl der Auszubildenden

Handlungskompetenz

Erfolgreicher Ausbildungsabschluss

Akquisitionsinstrumente

Schlüsselqualifikationen

2.1 Erstellung eines betrieblichen Ausbildungsplans

2.1.1 Ziel und Inhalt der Ausbildungsplanung

In § 14 (1) BBiG sind, wie bereits in Kapitel 1 dargestellt, die Hauptziele der Ausbildung festgelegt:

- Erreichung des erfolgreichen Abschlusses in einem anerkannten Ausbildungsberuf innerhalb einer gewissen Zeit
- Vermittlung von Handlungskompetenz: Die Auszubildenden sollen in der Lage sein, eine qualifizierte berufliche Tätigkeit selbstständig zu planen, durchzuführen und zu kontrollieren. Dazu benötigen sie bestimmte Fertigkeiten, Kenntnisse und Fähigkeiten.

2.1.2 Instrumente der Ausbildungsplanung

Die Berufsausbildung in Deutschland findet ihre gesetzliche Grundlage neben der **Handwerksordnung** insbesondere im **Berufsbildungsgesetz**. In § 4 BBiG wird als Basis für die jeweiligen Ausbildungsberufe auf die **Ausbildungsordnungen** verwiesen. Diese müssen nach § 5 BBiG mindestens enthalten:

- Die Bezeichnung des Ausbildungsberufs
- Die Ausbildungsdauer
- Das Ausbildungsberufsbild mit den notwendigen beruflichen Fertigkeiten, Kenntnissen und Fähigkeiten
- Den Ausbildungsrahmenplan mit einer Anleitung zur sachlichen und zeitlichen Gliederung der Vermittlung der beruflichen Fertigkeiten, Kenntnisse und Fähigkeiten
- Die Prüfungsanforderungen

2.1.2.1 Der Ausbildungsrahmenplan

Innerhalb der Ausbildungsordnung gibt der **Ausbildungsrahmenplan** die **rechtliche Basis** für die **Planung der Ausbildung** vor. Nachfolgend ist ein Beispiel abgedruckt.

Beispiel: Auszug aus einem Ausbildungsrahmenplan

Ausbildungsrahmenplan
für die Berufsausbildung zum Verkäufer / zur Verkäuferin
– Sachliche Gliederung –

Abschnitt I:

Fertigkeiten und Kenntnisse in den Pflichtqualifikationseinheiten gemäß § 4 (1) Nr. 1

Lfd. Nr.	Teil des Ausbildungsberufsbildes	Zu vermittelnde Fertigkeiten und Kenntnisse
1	2	3
1	Der Ausbildungsbetrieb [§ 8 (1) Nr. 1]	
1.1	Bedeutung und Struktur des Einzelhandels [§ 8 (1) Nr. 1.1]	a) Funktion des Einzelhandels in der Gesamtwirtschaft erklären b) Leistungen des Einzelhandels an Beispielen des Ausbildungsbetriebes erläutern c) Betriebs- und Verkaufsform des Ausbildungsbetriebs erläutern d) Formen der Zusammenarbeit im Einzelhandel an Beispielen aus dem Ausbildungsbetrieb erläutern
1.2	Stellung des Ausbildungsbetriebes am Markt [§ 8 (1) Nr. 1.2]	a) Einflüsse des Standortes, der Verkaufsform, der Sortiments- und Preisgestaltung sowie der Verkaufsraumgestaltung auf die Stellung des Ausbildungsbetriebs am Markt erläutern b) Konkurrenzbetrachtungen durchführen, bei Auswertungen mitwirken
1.3	...	
...		

Ausbildungsrahmenplan
für die Berufsausbildung zum Verkäufer / zur Verkäuferin
– Zeitliche Gliederung –

1. Ausbildungsjahr

A

Die Fertigkeiten und Kenntnisse zur Berufsbildpositionen 2.2, Teamarbeit und Kooperation, Arbeitsorganisation sowie 3, Warensortiment, sind während des gesamten ersten Ausbildungsjahres zu vermitteln.

B

(1) In einem Zeitraum von insgesamt drei bis fünf Monaten sind schwerpunktmäßig die Fertigkeiten und Kenntnisse
der Berufsbildpositionen
1.1 Bedeutung und Struktur des Einzelhandels,
1.2 Stellung des Ausbildungsbetriebes am Markt,
1.3 Organisation des Ausbildungsbetriebes,
1.4 Berufsbildung, Personalwirtschaft, arbeits- und sozialrechtliche Vorschriften,
2.1 Informations- und Kommunikationssysteme,
7.1 Grundlagen der Warenwirtschaft
zu vermitteln.

(2) In einem Zeitraum von insgesamt drei bis fünf Monaten sind schwerpunktmäßig die Fertigkeiten und Kenntnisse
der Berufsbildpositionen
1.6 Umweltschutz,
4.1 kunden- und dienstleistungsorientiertes Verhalten,
4.2 Kommunikation mit Kunden,
6.1 Werbemaßnahmen,
6.2 Warenpräsentation
zu vermitteln.
...

(Quelle der Auszüge: Bundesgesetzblatt Jahrgang 2004 Teil I S. 38)

Wie die als Beispiel abgedruckten Auszüge verdeutlichen, gibt der Ausbildungsrahmenplan eine Anleitung zur sachlichen und zeitlichen Gliederung der Vermittlung der beruflichen Fertigkeiten, Kenntnisse und Fähigkeiten.

In der Ausbildungsordnung bzw. im Ausbildungsrahmenplan werden die **Mindestinhalte** festgehalten, wobei dem Ausbildenden bzw. dem Ausbilder die freie Auswahl zwischen verschiedenen Techniken und Verfahren bleibt.

In der **sachlichen Gliederung** werden die Ausbildungsinhalte nach Aufgabenbereichen möglichst sinnvoll zusammengestellt. Sie enthält Lernziele und Angaben für die Tiefe der Vermittlung der Lerninhalte, die sogenannte Taxonomie.

Die **zeitliche Gliederung** gibt an, in welchem Zeitrahmen die Lerninhalte vermittelt werden sollen. Eine Möglichkeit für die zeitliche Gliederung ist, den Ausbildungsinhalten direkt die Zeit als Richtwert zuzuordnen, die für die Vermittlung vorgesehen ist. Die zweite Möglichkeit gibt nur vor, in welchen Jahren und in welchem monatlichen Zeitrahmen die Vermittlung stattfinden soll. Diese zweite Möglichkeit lässt mehr Freiraum.

2.1.2.2 Der betriebliche Ausbildungsplan

Der betriebliche Teil der Ausbildung wird in dem **betrieblichen Ausbildungsplan** festgelegt. Dieser baut auf dem Ausbildungsrahmenplan auf, welcher wiederum Bestandteil der Ausbildungsordnung dieses Berufs ist.

Im betrieblichen Ausbildungsplan sind die Fertigkeiten und Kenntnisse festzulegen, die zu vermitteln sind. Er muss **mindestens alle Inhalte des Ausbildungsrahmenplans** enthalten. Die Reihenfolge der zu vermittelnden Inhalte kann aufgrund unterschiedlicher betrieblicher Abläufe und Gegebenheiten von diesem abweichen.

Auch die **Struktur des Unternehmens** mit den in jeder Organisationseinheit enthaltenen Aufgaben kann den betrieblichen Ausbildungsplan beeinflussen. In manchen Betrieben werden verschiedene Aufgaben in einer Abteilung zusammengefasst ausgeführt, die in anderen Betrieben ganz getrennt ablaufen.

Auszubildenden werden daher bereits zu einem früheren Zeitpunkt Ausbildungsinhalte vermittelt, die sie ansonsten erst später erfahren würden. Zusätzliche betriebsspezifische Lerninhalte sollten integriert werden.

Im betrieblichen Ausbildungsplan sollten auch die inner-, außer- und überbetrieblichen Lernorte den zu vermittelnden Lerninhalten zugeordnet werden. Entsprechende **Versetzungspläne** sind zu entwickeln.

Neben dem Wann, Was und Wo ist auch das Wer festzulegen. Wer ist der verantwortliche Ausbilder?

Der Ausbildungserfolg muss geprüft werden durch:
- Kontrolle des vom Auszubildenden zu führenden Ausbildungsnachweises, § 14 (1) Nr. 4 BBiG, gemäß § 43 (1) Nr. 2 BBiG Voraussetzung für die Abschlussprüfung
- Lernerfolgskontrollen
- Beurteilungen und Beurteilungsgespräche

Der **Ausbildungsnachweis** ermöglicht dem Ausbilder wie auch dem Auszubildenden nachzuprüfen, ob alle im Ausbildungsplan enthaltenen Inhalte durchgenommen worden sind. Er zeigt den zeitlichen und sachlichen Ablauf der Berufsausbildung in betrieblichen und überbetrieblichen Ausbildungsstätten sowie in der Berufsschule. Er hilft dem Ausbilder wie auch dem Berufsschullehrer, die betriebliche und schulische Ausbildung aufeinander abzustimmen.

2.1.2.3 Der individuelle Ausbildungsplan

Auf dem betrieblichen Ausbildungsplan ist der **individuelle Ausbildungsplan** aufgebaut. Dieser legt die geplante Ausbildung des einzelnen Auszubildenden innerhalb des Betriebes fest. Er richtet sich nach
- individuellen Stärken und Schwächen des Auszubildenden,
- Vorkenntnissen und Schulabschlüssen des Auszubildenden,
- Erkrankungen und sonstigen Ausfällen des Auszubildenden,
- aktuellen Aufträgen des Betriebs,
- Anzahl der Auszubildenden in den verschiedenen Bereichen

und kann daher vom betrieblichen Ausbildungsplan abweichen.

Die sachliche und zeitliche Gliederung ist in den individuellen Ausbildungsplan aufzunehmen und in den Berufsausbildungsvertrag zu übernehmen.

> **§ 11 (1) Nr. 1 BBiG Vertragsniederschrift**
> (1) Ausbildende haben unverzüglich nach Abschluss des Berufsausbildungsvertrages, spätestens vor Beginn der Berufsausbildung, den wesentlichen Inhalt des Vertrages gemäß Satz 2 schriftlich niederzulegen; die elektronische Form ist ausgeschlossen. In die Niederschrift sind mindestens aufzunehmen
> 1. Art, sachliche und zeitliche Gliederung sowie Ziel der Berufsausbildung, insbesondere die Berufstätigkeit, für die ausgebildet werden soll.

Der individuelle Ausbildungsplan sollte

- alle zu vermittelnden Fertigkeiten und Kenntnisse des Ausbildungsrahmenplans enthalten,
- die Probezeit so ausgestalten, dass die Auszubildenden in dieser Zeit mit den typischen Arbeiten dieses Berufs in Berührung kommen, um zu sehen, ob ihnen dieser Beruf liegt,
- in der sachlichen Gliederung darauf Acht geben, dass die Lerninhalte sinnvoll zur Struktur des Betriebs passen,
- keine zu großen Lerneinheiten bilden, d.h. die Inhalte lieber in kleine überschaubare Lernabschnitte zerlegen,
- betriebliche und außerbetriebliche Ausbildungseinheiten koordinieren,
- zwingende zeitliche Reihenfolgen des Ausbildungsrahmenplans beibehalten,
- in der zeitlichen Gliederung die Reihenfolge der Prüfungen wie auch sachlogische und pädagogische Aspekte berücksichtigen,
- in der zeitlichen Gliederung die zeitlichen Richtwerte beachten,
- die Urlaubspläne einbeziehen,

- die Dauer der einzelnen Ausbildungsabschnitte entsprechend der Vorkenntnisse und Fähigkeiten der Auszubildenden festlegen, besonders auch für Auszubildende mit Lehrzeitverkürzung, um alle Ausbildungsinhalte aufzunehmen, aber zum Teil kürzere Zeiten einräumen.

Bei größeren Abweichungen des individuellen Ausbildungsplans gegenüber dem Ausbildungsrahmenplan ist mit dem Ausbildungsberater der Kammer zu sprechen.

Vom Ausbildungsrahmenplan darf in der zeitlichen Gliederung abgewichen werden:
- in der Reihenfolge, wenn in diesem Betrieb Arbeiten aufeinanderfolgend durchzuführen sind, die im Ausbildungsrahmenplan in verschiedenen Zeiträumen eingeplant sind
- in der Dauer des Zeitrahmens, wenn Vorkenntnisse oder eine Lehrzeitverkürzung dies erfordern

In der sachlichen Gliederung sind Abweichungen möglich,
- wenn im Betrieb Arbeiten zusammengehörig durchzuführen sind, die im Rahmenlehrplan in unterschiedlichen Gliederungspunkten erfasst sind,
- indem der Auszubildende mit der zu lernenden betrieblichen Tätigkeit im Zusammenhang stehende zusätzliche Fertigkeiten, Kenntnisse oder Fähigkeiten erhält. Diese können auch gesondert geprüft werden.

2.1.3 Alternative Gestaltung von Ausbildungsberufen

Die in der Ausbildungsordnung der verschiedenen Berufe festgelegte betriebliche Ausbildung kann unterschiedlich gestaltet sein, sich in einigen Teilen überschneiden, in anderen auch aufeinander aufbauen.

Monoberufe ohne Spezialisierung	Für alle Auszubildenden gelten einheitliche Ausbildungsordnungen.
Monoberufe mit Spezialisierung	Innerhalb eines Berufs können unterschiedliche Fachrichtungen, Fachbereiche oder Schwerpunkte bestehen, z.B. verschiedene Formen von Chemielaboranten. Keine Unterschiede werden in der Grundausbildung gemacht.
Monoberufe mit Sockelqualifizierung	Verschiedene Berufe haben gemeinsame Sockelqualifikationen, z.B. (bisheriger) Bürokaufmann/-frau und Kaufmann/-frau für Bürokommunikation
Ausbildungsberufe mit Kern- und Fachqualifikation	Verschiedene Fachrichtungen eines Berufes werden sowohl in gemeinsamen Kernqualifikationen wie auch in den differenzierenden Fachqualifikationen ausgebildet und geprüft. Beispiele hierfür sind der „Fachinformatiker Anwendungsentwicklung" und der „Fachinformatiker Systemintegration". Jede der beiden Fachrichtungen fordert spezielle Fachqualifikationen. Einige Qualifikationen ihrer Ausbildungsrahmenpläne sind deckungsgleich. Diese Kernqualifikationen sind auch in den Ausbildungsordnungen weiterer Berufe im Bereich der Informatik wie „Informatikkaufmann/-frau" , „IT-System-Elektroniker/-in" oder „IT-System-Kaufmann/-Kauffrau" enthalten.
Ausbildungsordnung für Stufenausbildung	Sie beinhaltet die Befähigung sowohl zu einer qualifizierten beruflichen Tätigkeit als auch die Fortsetzung der Berufsausbildung in weiteren Stufen. Ein Beispiel hierfür ist der Objektbeschichter oder Maler bzw. Lackierer. Die Ausbildung erfolgt z.B. zunächst in einer zweijährigen ersten Stufe zum Bauten- und Objektbeschichter, dann in einer zweiten Stufe Einstieg in das dritte Ausbildungsjahr mit dem Abschluss zum Maler und Lackierer.

2.1.4 Lernorte der Ausbildung

Zu unterscheiden sind zentrale und dezentrale Lernorte. In zentralen Lernorten wie Lehrwerkstätten oder außerbetrieblichen Bildungszentren sind Arbeit und Lernen getrennt. Die Ausbilder bringen den Auszubildenden ganz gezielt bestimmte Inhalte des Rahmenplans bei. Bei dezentralen Lernorten werden Arbeit und Lernen in Einklang gebracht. Typische dezentrale Lernorte sind Lerninseln.

Da die Auszubildenden Handlungskompetenz erhalten sollen, das richtige Verhalten in verschiedenen realen Arbeitssituationen lernen sollen, ist nach Möglichkeit eine dezentrale Lernform zu schaffen. Durch die Menge an Lernzielen, die im Ausbildungsrahmenplan enthalten sind, kommt der Betrieb dennoch nicht vollkommen an einem zentralen planvollen Lernen vorbei.

Ausbildung am Arbeitsplatz	Ausbildung in der Werkstatt, im Büro oder im Sekretariat, am Ort des Geschehens. Es wird von funktionalem Lernen gesprochen. Der Auszubildende wirkt im Betrieb an jeweils auftretenden Problemstellungen entsprechend den tatsächlichen Kundenanforderungen mit. Er arbeitet mit den Fachkräften oder Meistern mit und lernt durch Abschauen. Für ihn wird ersichtlich, dass im Betrieb oft kurzfristig auf Kundenwünsche reagiert werden muss. Flexibilität wird gefördert.
Lernen in der Lehrwerkstatt	In einer eigens für Auszubildende eingerichteten Werkstatt werden Maschinen für die Auszubildenden bereitgestellt. Hier können die Auszubildenden den Umgang mit der Maschine in Abgeschiedenheit vom betrieblichen Geschehen in Ruhe erlernen. Die Ergebnisse aus den Lernaufträgen können für die Praxis verwertbar oder reine Übungsstücke sein. Auf zu erreichende Lernziele kann gezielt nach Plan unabhängig von momentanen Aufträgen und Situationen des Betriebs hingearbeitet werden.

Lehr- oder Ausbildungsecke	An speziellen Plätzen innerhalb der Werkstatt meist kleiner oder mittlerer Handwerks- oder Industriebetriebe arbeiten die Auszubildenden etwas abseits vom Geschehen, bekommen dennoch den betrieblichen Ablauf in vollem Umfang mit.
Lerninsel	In Lerninseln wird ebenfalls betriebliches Arbeiten und Lernen zusammengeführt. In unmittelbarer Umgebung zur Arbeit im Betrieb, ob kaufmännisch, handwerklich oder industriell, lernen die Auszubildenden meist in kleinen Gruppen und führen echte betriebliche Aufträge selbstständig aus. Sie werden in ihrer Arbeit von Fachkräften, sogenannten Ausbildungsbeauftragten, begleitet.
Lernbüro	In einem eigens für die Ausbildung bereitstehenden Büro kann der Ausbilder mit seinen Auszubildenden ungestört Ausbildungsinhalte durchsprechen. Kaufmännische Fertigkeiten werden den Auszubildenden beigebracht. Gewerbliche wie kaufmännische Kenntnisse können vertieft werden. Sitzecke, Flipchart und sonstiges Unterrichtsmaterial sind vorhanden.
Juniorfirma	Auszubildende erhalten innerhalb des Unternehmens ihren eigenen Betrieb. Hier werden Teile produziert, an den Hauptbetrieb verkauft, Rechnungen gestellt, eingekauft. D.h., alle betrieblich notwendigen Funktionen werden von Auszubildenden selbstverantwortlich durchgeführt.
Unterrichtsraum	Bestimmte Lerninhalte werden im Betrieb in Unterrichtsräumen mittels Flipchart, Overhead-Projektor, Beamer oder eventuell Tafeln meist einer größeren Anzahl Auszubildender präsentiert.

2.2 Möglichkeiten der Mitwirkung und Mitbestimmung der betrieblichen Interessenvertretungen berücksichtigen

Der Betriebsrat als Arbeitnehmervertreter hat das Recht, in Angelegenheiten der Berufsbildung mitzuwirken und mitzubestimmen.

> **§ 99 BetrVG Mitbestimmung bei personellen Einzelmaßnahmen**
>
> (1) In Unternehmen mit in der Regel mehr als zwanzig wahlberechtigten Arbeitnehmern hat der Arbeitgeber den Betriebsrat vor jeder Einstellung, Eingruppierung, Umgruppierung und Versetzung zu unterrichten, ihm die erforderlichen Bewerbungsunterlagen vorzulegen und Auskunft über die Person der Beteiligten zu geben; er hat dem Betriebsrat unter Vorlage der erforderlichen Unterlagen Auskunft über die Auswirkungen der geplanten Maßnahme zu geben und die Zustimmung des Betriebsrats zu der geplanten Maßnahme einzuholen. Bei Einstellungen und Versetzungen hat der Arbeitgeber insbesondere den in Aussicht genommenen Arbeitsplatz und die vorgesehene Eingruppierung mitzuteilen.

Bei der Einstellung von Auszubildenden ist demnach die Zustimmung des Betriebsrats notwendig. Er ist ausführlich und rechtzeitig zu informieren. Die Bewerbungsunterlagen sind ihm vorzulegen.

§ **§ 95 BetrVG Auswahlrichtlinien**

(1) Richtlinien über die personelle Auswahl bei Einstellungen, Versetzungen, Umgruppierungen und Kündigungen bedürfen der Zustimmung des Betriebsrats. Kommt eine Einigung über die Richtlinien oder ihren Inhalt nicht zustande, so entscheidet auf Antrag des Arbeitgebers die Einigungsstelle. Der Spruch der Einigungsstelle ersetzt die Einigung zwischen Arbeitgeber und Betriebsrat.

Die Auswahlkriterien zur Einstellung von Mitarbeitern und Auszubildenden erfordern die Zustimmung des Betriebsrats.

§ **§ 98 BetrVG Durchführung betrieblicher Bildungsmaßnahmen**

(1) Der Betriebsrat hat bei der Durchführung von Maßnahmen der betrieblichen Berufsbildung mitzubestimmen.

(2) Der Betriebsrat kann der Bestellung einer mit der Durchführung der betrieblichen Berufsbildung beauftragten Person widersprechen oder ihre Abberufung verlangen, wenn diese die persönliche oder fachliche, insbesondere die berufs- und arbeitspädagogische Eignung im Sinne des Berufsbildungsgesetzes nicht besitzt oder ihre Aufgaben vernachlässigt.

Der Betriebsrat hat ein Mitbestimmungsrecht bezüglich der Auswahl der an der Ausbildung beteiligten Personen.

§ **§ 97 BetrVG Einrichtungen und Maßnahmen der Berufsbildung**

(1) Der Arbeitgeber hat mit dem Betriebsrat über die Errichtung und Ausstattung betrieblicher Einrichtungen zur Berufsbildung, die Einführung betrieblicher Berufsbildungsmaßnahmen und die Teilnahme an außerbetrieblichen Berufsbildungsmaßnahmen zu beraten.

Dazu gehört auch, dass der Ausbilder dem Betriebsrat die betrieblichen Ausbildungspläne und Versetzungspläne vorlegen muss. Der Ausbildende hat mit dem Betriebsrat geplante Einrichtungen und Maßnahmen wie Seminare, Lehrgänge und Versetzungen zu besprechen.

> **§ 70 BetrVG Allgemeine Aufgaben**
> (1) Die Jugend- und Auszubildendenvertretung hat folgende allgemeine Aufgaben:
> 1. Maßnahmen, die den in § 60 Abs. 1 genannten Arbeitnehmern dienen, insbesondere in Fragen der Berufsbildung und der Übernahme der zu ihrer Berufsausbildung Beschäftigten in ein Arbeitsverhältnis, beim Betriebsrat zu beantragen;
> 2. darüber zu wachen, dass die zugunsten der in § 60 Abs. 1 genannten Arbeitnehmer geltenden Gesetze, Verordnungen, Unfallverhütungsvorschriften, Tarifverträge und Betriebsvereinbarungen durchgeführt werden

> **§ 80 BetrVG Allgemeine Aufgaben**
> (1) Der Betriebsrat hat folgende allgemeine Aufgaben:
> 1. darüber zu wachen, dass die zugunsten der Arbeitnehmer geltenden Gesetze, Verordnungen, Unfallverhütungsvorschriften, Tarifverträge und Betriebsvereinbarungen durchgeführt werden

Eine solche Verordnung stellt die Ausbildungsordnung dar. Um über die Einhaltung wachen zu können, sind Informationen in Form des Ausbildungsnachweises, der Ergebnisse des Zwischenzeugnisses oder der Beurteilungsbögen notwendig.

§ **§ 60 BetrVG Errichtung und Aufgabe**

(1) In Betrieben mit in der Regel mindestens fünf Arbeitnehmern, die das 18. Lebensjahr noch nicht vollendet haben (jugendliche Arbeitnehmer) oder die zu ihrer Berufsausbildung beschäftigt sind und das 25. Lebensjahr noch nicht vollendet haben, werden Jugend- und Auszubildendenvertretungen gewählt.

(2) Die Jugend- und Auszubildendenvertretung nimmt nach Maßgabe der folgenden Vorschriften die besonderen Belange der in Absatz 1 genannten Arbeitnehmer wahr.

§ **§ 61 BetrVG Wahlberechtigung und Wählbarkeit**

(1) Wahlberechtigt sind alle in § 60 Abs. 1 genannten Arbeitnehmer des Betriebs.

(2) Wählbar sind alle Arbeitnehmer des Betriebs, die das 25. Lebensjahr noch nicht vollendet haben; § 8 Abs. 1 Satz 3 findet Anwendung. Mitglieder des Betriebsrats können nicht zu Jugend- und Auszubildendenvertretern gewählt werden.

Jugend- und Auszubildendenvertreter arbeiten mit dem Betriebsrat eng zusammen und vertreten die Interessen der Jugendlichen und Auszubildenden des Betriebs.

Sie genießen einen bestimmten Schutz:

§ **§ 78a BetrVG Schutz Auszubildender in besonderen Fällen**

(1) Beabsichtigt der Arbeitgeber, einen Auszubildenden, der Mitglied der Jugend- und Auszubildendenvertretung, des Betriebsrats, der Bordvertretung oder des Seebetriebsrats ist, nach Beendigung des Berufsausbildungsverhältnisses nicht in ein Arbeitsverhältnis auf unbestimmte Zeit zu übernehmen, so hat er dies drei Monate vor Beendigung des Berufsausbildungsverhältnisses dem Auszubildenden schriftlich mitzuteilen.

(2) Verlangt ein in Absatz 1 genannter Auszubildender innerhalb der letzten drei Monate vor Beendigung des Berufsausbildungsverhältnisses schriftlich vom Arbeitgeber die Weiterbeschäftigung, so gilt zwischen Auszubildendem und Arbeitgeber im Anschluss an das Berufsausbildungsverhältnis ein Arbeitsverhältnis auf unbestimmte Zeit als begründet. Auf dieses Arbeitsverhältnis ist insbesondere § 37 Abs. 4 und 5 entsprechend anzuwenden.

(3) Die Absätze 1 und 2 gelten auch, wenn das Berufsausbildungsverhältnis vor Ablauf eines Jahres nach Beendigung der Amtszeit der Jugend- und Auszubildendenvertretung, des Betriebsrats, der Bordvertretung oder des Seebetriebsrats endet.

(4) Der Arbeitgeber kann spätestens bis zum Ablauf von zwei Wochen nach Beendigung des Berufsausbildungsverhältnisses beim Arbeitsgericht beantragen,

1. festzustellen, dass ein Arbeitsverhältnis nach Absatz 2 oder 3 nicht begründet wird, oder

2. das bereits nach Absatz 2 oder 3 begründete Arbeitsverhältnis aufzulösen, wenn Tatsachen vorliegen, aufgrund derer dem Arbeitgeber unter Berücksichtigung aller Umstände die Weiterbeschäftigung nicht zugemutet werden kann. In dem Verfahren vor dem Arbeitsgericht sind der Betriebsrat, die Bordvertretung, der Seebetriebsrat, bei Mitgliedern der Jugend- und Auszubildendenvertretung auch diese Beteiligte.

Die JAV-Mitglieder erfahren also im Gegensatz zu anderen Auszubildenden drei Monate vor Ausbildungsende, wenn sie nicht übernommen werden sollen.

§ **§ 103 BetrVG Außerordentliche Kündigung und Versetzung in besonderen Fällen**

(1) Die außerordentliche Kündigung von Mitgliedern des Betriebsrats, der Jugend- und Auszubildendenvertretung, der Bordvertretung und des Seebetriebsrats, des Wahlvorstands sowie von Wahlbewerbern bedarf der Zustimmung des Betriebsrats.

(2) Verweigert der Betriebsrat seine Zustimmung, so kann das Arbeitsgericht sie auf Antrag des Arbeitgebers ersetzen, wenn die außerordentliche Kündigung unter Berücksichtigung aller Umstände gerechtfertigt ist. In dem Verfahren vor dem Arbeitsgericht ist der betroffene Arbeitnehmer Beteiligter.

Die JAV-Mitglieder sind demnach vor einer Kündigung geschützt. Diese wird zumindest sehr schwierig und bedarf Argumenten, die klar aufzeigen, dass eine weitere Zusammenarbeit für die Arbeitgeber mit diesen nicht zumutbar erscheint.

2.3 Kooperationsbedarf ermitteln und sich mit den Kooperationspartnern abstimmen

Das duale System der Ausbildung bedarf einer guten Zusammenarbeit zwischen **Berufsschule** und **Betrieb**.

Der Betrieb muss auch mit anderen Betrieben oder Bildungseinrichtungen kooperieren, wenn er selbst nicht alle nach der Ausbildungsordnung notwendigen Ausbildungsinhalte vermitteln kann. In Frage kommt die Ausbildung im Verbund mit anderen Betrieben oder die **überbetriebliche Ausbildung** mit anderen Bildungsträgern.

Außerbetriebliche Ausbildungen werden meist über staatliche Fördergelder finanziert und werden überwiegend oder auch in vollem Umfang in Berufsbildungsstätten durchgeführt. Auch diese kooperieren jedoch mit Betrieben, in denen die Auszubildenden einzelne Lehrinhalte oder Lehrabschnitte in Form von Praktika erfahren sollten.

Beim **Ausbildungsverbund** kann ein Betrieb der **Leitbetrieb** sein, der den Ausbildungsvertrag abschließt und die Ausbildungsverantwortung trägt. Es kann auch ein **Ausbildungsverein** gegründet werden, an dem mehrere ausbildende Betriebe beteiligt sind. Der Verein schließt den Vertrag ab und organisiert die Ausbildung.

Die Berufsschule vermittelt die theoretischen Lerninhalte, der Betrieb die praktische Umsetzung. In § 2 (2) BBiG wird auf die verschiedenen Lernorte eingegangen und eine gute Zusammenarbeit dieser gefordert.

Zur besseren Kooperation trägt die Bildung von **Arbeitskreisen** bei, an denen Berufsschullehrer und Ausbilder teilnehmen. Diese tagen mindestens einmal im Jahr. Ausbilder und Berufsschullehrer sprechen sich über die zeitliche Vermittlung, die Inhalte und die zu verwendenden Arbeitsmittel aus.

Betriebspraktika helfen den Berufsschullehrern, ihren Unterricht praxisnäher zu gestalten. Die Berufsschullehrer besuchen die Betriebe und probieren selbst die eine oder andere Tätigkeit aus.

2.4 Kriterien und Verfahren zur Auswahl von Auszubildenden

2.4.1 Veränderte Zielsetzungen der Ausbildung

Der wachsende Wettbewerb in unserer Wirtschaft, verstärkt durch die Globalisierung, erfordert immer mehr Mitarbeiter, die flexibel sind, Verantwortung übernehmen und Entscheidungen treffen können. Durch ihre Kreativität sollen sie dazu beitragen, Innovationen auf den Markt zu bringen und Wettbewerbsvorteile zu schaffen. Unternehmen sind immer mehr auf das Humankapital, das heißt auf mitdenkende, kreative Mitarbeiter angewiesen.

Die Mitarbeiter sollen also zukünftig in der Lage sein, selbstständig Probleme zu lösen, ihre eigene Arbeit zu kontrollieren und zumindest eigenverantwortlich zu arbeiten. Sie sollen selbstständig **planen**, **durchführen** und **kontrollieren** können. Dazu benötigen sie **Handlungskompetenz**.

Diese Handlungskompetenz erreichen sie, wenn sie die schon immer geforderte Fachkompetenz um sogenannte **Schlüsselqualifikationen** ergänzen.

Schlüsselqualifikationen werden in weiteren Kompetenzbereichen erworben, insbesondere über

- Methodenkompetenz,
- Individualkompetenz und
- die Sozialkompetenz

als Ergänzung zur Fachkompetenz.

Methodenkompetenz beinhaltet Problemlösungsfähigkeit und auch die Fähigkeit zum (selbstständigen) Erwerb neuer Fertigkeiten und Kenntnisse. In der Ausbildung zeigt sich die Problemlösungsfähigkeit beispielsweise in folgender Situation: Der Mitarbeiter besinnt sich bei der Lösung einer neuen Problemstellung, dass er ein ähnlich gelagertes Problem schon einmal gehabt hat. Er erinnert sich, wie er damals vorgegangen ist, und überträgt dies auf das neue Problem. Der Auszubildende muss lernen, nicht nur nachzumachen, was ihm der Ausbilder vormacht. Er soll selbst planen, wie es zur Lösung kommen kann.

Unter **Individualkompetenz** sind Fähigkeiten zu verstehen, die das Individuum selbst prägen und auszeichnen; Beispiele sind:

- die Ordentlichkeit, mit der er arbeitet
- die Selbstständigkeit: Er kümmert sich selbst um das, was zu tun ist.
- die Sauberkeit, wie er zeichnet, eine Schweißnaht zieht oder sonstige Arbeiten verrichtet

Die **Sozialkompetenz** hat bereits die letzten Jahrzehnte an Bedeutung gewonnen, u.a. aufgrund der Einführung von Team- und Projektarbeiten. Es wird immer notwendiger zu lernen, mit anderen, ob Kunden oder Kollegen, umzugehen. Dazu gehört die Bereitschaft, auch mal für den anderen hinzulangen, selbst wenn nicht direkt eine Verpflichtung vorliegt.

Alle drei Kompetenzen sind notwendig und gefordert zur Ergänzung der Fachkompetenz. Lange Zeit hat es genügt, dass die Mitarbeiter ihr Fach beherrschten. Die Fachkompetenz steigt immer noch weiter in ihrer Bedeutung, insbesondere aufgrund immer komplexerer Technologien.

Im Berufsbildungsgesetz sind seit 2005 die Schlüsselqualifikationen unter dem Begriff „Fähigkeiten" neu zu den Fertigkeiten und Kenntnissen hinzugekommen und führen zur „Handlungsfähigkeit". Diese soll den Auszubildenden als zukünftigen Fach- oder Führungskräften vermittelt werden. Dazu werden verschiedene Methoden in der Ausbildung eingesetzt.

2.4.2 Suche und Auswahl der Auszubildenden

Bei der Suche nach Auszubildenden werden u.a. die folgenden Akquisitionsinstrumente genutzt:
- Anzeigen bei der Arbeitsagentur
- Stellenanzeigen bei der regionalen Zeitung
- Anzeigen im Internet über Stellenangebot-Portale
- Stellenangebote über die eigene Unternehmens-Homepage
- direkte Ansprache über Mitarbeiter des Unternehmens
- Vorstellung des Betriebs an Schulveranstaltungen
- Aushang am Schwarzen Brett der Schulen

Je bekannter ein Betrieb ist, je moderner ein Beruf ist, umso mehr Bewerbungen sind zu erwarten.

Bei der Auswahl der Bewerber ist das **Allgemeine Gleichbehandlungsgesetz (AGG)** zu beachten. So dürfen keine Benachteiligungen entstehen durch:

- Rasse
- ethnische Herkunft
- Geschlecht
- Religion
- Weltanschauung
- Behinderung
- Alter
- sexuelle Identität

Der Ausbildungsstellenmarkt ist geprägt durch die Bewerbung von immer mehr Abiturienten und Realschulabgängern für Ausbildungsplätze. In den Betrieben wird zukünftig weniger Bedarf für Hilfs- und angelernte Kräfte, aber immer mehr für Fachkräfte bestehen. Damit schwinden die Chancen der Hauptschul- (oder neuerdings Mittelschul-)abgänger.

Den Schulabgängern fehlt vielfach der Überblick über die Möglichkeiten bezüglich der Ausbildung und der Berufswahl. Viele Berufe werden von den jungen Leuten übersehen, stattdessen orientieren sie sich an Modeberufen oder Berufen, die zufällig in der Gegend ausgebildet werden.

Auswahlkriterien der Betriebe sind:
- die besuchte Schule
- Zeugnisse
- Referenzen

Die Bewerbungen sind vertraulich zu behandeln. Ausbilder, Mitarbeiter der Personalabteilung, der Firmenchef oder andere befugte Mitarbeiter beurteilen die Bewerbungsunterlagen, angefangen beim Gesamteindruck.

Das **Bewerbungsschreiben** selbst kann durch Ausdrucksweise, Begründung der Bewerbung, Form und Rechtschrift zeigen, ob der Bewerber mit den Schreibprogrammen des PC zurecht kommt, ob es sich um eine Massenbewerbung oder um eine gezielte Bewerbung handelt, wie gut die eigene Muttersprache beherrscht wird oder wie ordentlich der Bewerber arbeitet.

Der **Lebenslauf** sollte auf jeden Fall lückenlos und systematisch aufgebaut sein. Er sollte Aussagen machen über

- den schulischen Werdegang,
- eine eventuell andere bisherige Ausbildung oder bisherige berufliche Tätigkeiten,
- Hobbys, Interessen und Neigungen,
- Vorkenntnisse und Praktika

Bei den Hobbys, Interessen oder Neigungen ist darauf zu achten, ob der Bewerber mit anderen seines Alters zusammenwirken kann, etwa beim Mannschaftssport oder in der Redaktion einer Schülerzeitung. Wer Klassen- oder sogar Schulsprecher war oder vielleicht auch im Verein schon in einer besonderen Funktion tätig ist, zeigt damit, dass er bereit ist, gewisse Verantwortungen zu übernehmen.

Vorkenntnisse und Praktika können vom Ausbilder beim Erstellen des individuellen Ausbildungsplans berücksichtigt werden.

Das **Schulzeugnis** sollte beachtet, aber nicht überbewertet werden. Kommt der Schüler mit einem Lehrer nicht zurecht, können sich seine Leistungen in diesem speziellen Unterrichtsfach schnell verschlechtern. Deswegen muss er nicht wirklich schlecht in dieser Disziplin sein.

Andererseits ist bei Betrachtung der Noten eines längeren Zeitraums eine gewisse Tendenz erkennbar, welche Fachrichtungen einem Schüler liegen. Auch die Bemerkungen zu seiner Mitarbeit und seinem Verhalten sind wichtige Anhaltspunkte.

Nach Beurteilung und Vergleich der eingegangenen Bewerbungsunterlagen werden die am geeignetsten erscheinenden Bewerber zu einem **Vorstellungsgespräch** gebeten. Das Gespräch sollte auch bei Jugendlichen ohne Eltern stattfinden. Diese werden zu späterer Gelegenheit eingeladen, den Betrieb zu besichtigen oder bestimmte Veranstaltungen (Tag der offenen Tür) zur persönlichen Kontaktaufnahme zu nutzen.

Bereits das persönliche Auftreten des Bewerbers kann Aufschluss über die Person geben, über sein Selbstbewusstsein, seine Selbstsicherheit, seine Gewandtheit, seine Konzentrationsfähigkeit und vieles mehr.

Nach persönlichem Kennenlernen, Vorstellung des Betriebs, Klärung von Lücken im Lebenslauf, Beantwortung der Fragen, warum er sich konkret bei diesem Betrieb beworben hat, welche Vorstellungen er über den Beruf hat, welche Berufsziele er hat usw. kann ein Test zur Ermittlung persönlicher Eignung abgehalten werden. Hier wird u.a. auf die Belastbarkeit und Reaktion in Stresssituationen geachtet.

Manche Betriebe veranstalten für ihre Bewerber auch **Assessment-Center**. In Diskussionsrunden oder simulierten Praxisszenarien wird das Verhalten der jungen Menschen betrachtet.

Die Tests sollten die Kriterien der Validität, der Objektivität und der Reliabilität erfüllen.

Validität bedeutet, dass die Tests genau auf die Punkte ausgerichtet sind, die für die Entscheidung über einen Bewerber relevant sind – sie sollten gültig (= valide) sein, das Richtige messen. Ein Metallbau-Anwärter sollte nicht nach seinen Kenntnissen in Geografie befragt werden.

Die **Objektivität** ist gegeben, wenn persönliche Sympathien oder Antipathien keine Rolle bei der Beurteilung der Fragenbeantwortung spielen. So dürfen Alter, Geschlecht, Aussehen etc. keinen Einfluss haben.

Die **Reliabilität** ist die Verlässlichkeit. Gute Testergebnisse dürfen nicht durch Glück erreichbar sein. Die Wahrscheinlichkeit für eine richtige Antwort darf nicht zu hoch sein.

Danach wird entschieden. Mit den Bewerbern, die einen Ausbildungsplatz erhalten sollen, kann der Ausbildungsvertrag geschlossen werden. Anschließend sind die Bewerbungsunterlagen der anderen Bewerber zurückzusenden.

2.5 Berufsausbildungsvertrag vorbereiten und Eintragung des Vertrages bei der zuständigen Stelle

2.5.1 Rechtliche Grundlagen und Inhalte des Berufsausbildungsvertrages

Nach § 10 (1) BBiG ist zwischen Ausbildenden und Auszubildenden ein Berufsausbildungsvertrag abzuschließen.

Die Inhalte des Vertrags sind in § 11 BBiG geregelt. Der individuelle Ausbildungsplan ist dem Vertrag zuzufügen.

§ 11 BBiG Vertragsniederschrift

(1) Ausbildende haben unverzüglich nach Abschluss des Berufsausbildungsvertrages, spätestens vor Beginn der Berufsausbildung, den wesentlichen Inhalt des Vertrages gemäß Satz 2 schriftlich niederzulegen; die elektronische Form ist ausgeschlossen. In die Niederschrift sind mindestens aufzunehmen

1. Art, sachliche und zeitliche Gliederung sowie Ziel der Berufsausbildung, insbesondere die Berufstätigkeit, für die ausgebildet werden soll,

2. Beginn und Dauer der Berufsausbildung,

3. Ausbildungsmaßnahmen außerhalb der Ausbildungsstätte,

4. Dauer der regelmäßigen täglichen Ausbildungszeit,

5. Dauer der Probezeit,

6. Zahlung und Höhe der Vergütung,

7. Dauer des Urlaubs,

8. Voraussetzungen, unter denen der Berufsausbildungsvertrag gekündigt werden kann,

9. ein in allgemeiner Form gehaltener Hinweis auf die Tarifverträge, Betriebs- oder Dienstvereinbarungen, die auf das Berufsausbildungsverhältnis anzuwenden sind.

(2) Die Niederschrift ist von den Ausbildenden, den Auszubildenden und deren gesetzlichen Vertretern und Vertreterinnen zu unterzeichnen.

(3) Ausbildende haben den Auszubildenden und deren gesetzlichen Vertretern und Vertreterinnen eine Ausfertigung der unterzeichneten Niederschrift unverzüglich auszuhändigen.

(4) Bei Änderungen des Berufsausbildungsvertrages gelten die Absätze 1 bis 3 entsprechend.

In § 11 (2) BBiG werden die Unterschriften von Ausbildenden, Auszubildenden und bei Minderjährigkeit deren gesetzlicher Vertretung gefordert. Nach (3) ist der Vertrag den Auszubildenden und bei Minderjährigen deren gesetzlicher Vertretung auszuhändigen.

Nach § 11 (1) BBiG sind **Urlaub** und eine **Probezeit** festzulegen. § 20 BBiG bestimmt, dass die Probezeit zwischen einem und vier Monaten liegen muss.

Der **Urlaub** der Mitarbeiter ist allgemein im Bundesurlaubsgesetz geregelt. Tarifverträge, Betriebsvereinbarungen wie auch vertragliche Regelungen sind zu beachten. Für den Urlaub Jugendlicher ist das Jugendarbeitsschutzgesetz heranzuziehen.

§ 19 JArbSchG setzt den Jahresurlaub wie folgt fest:
- Jugendliche, die zu Beginn des Kalenderjahres jünger als 16 Jahre alt sind, erhalten mindestens 30 Werktage, also 25 Arbeitstage.
- Jugendliche unter 17 Jahren zu Beginn des Kalenderjahres erhalten 27 Werktage, also 23 Arbeitstage.
- Jugendliche unter 18 Jahren zu Beginn des Kalenderjahres erhalten 25 Werktage, also 21 Arbeitstage.
- Über 18 Jahre zählt das Bundesurlaubsgesetz und bestimmt einen Mindesturlaub von 24 Werktagen, also 20 Arbeitstagen.

§ 19 JArbSchG Urlaub

(1) Der Arbeitgeber hat Jugendlichen für jedes Kalenderjahr einen bezahlten Erholungsurlaub zu gewähren.

(2) Der Urlaub beträgt jährlich

1. mindestens 30 Werktage, wenn der Jugendliche zu Beginn des Kalenderjahrs noch nicht 16 Jahre alt ist,

2. mindestens 27 Werktage, wenn der Jugendliche zu Beginn des Kalenderjahrs noch nicht 17 Jahre alt ist,

3. mindestens 25 Werktage, wenn der Jugendliche zu Beginn des Kalenderjahrs noch nicht 18 Jahre alt ist.

Jugendliche, die im Bergbau unter Tage beschäftigt werden, erhalten in jeder Altersgruppe einen zusätzlichen Urlaub von drei Werktagen.

(3) Der Urlaub soll Berufsschülern in der Zeit der Berufsschulferien gegeben werden. Soweit er nicht in den Berufsschulferien gegeben wird, ist für jeden Berufsschultag, an dem die Berufsschule während des Urlaubs besucht wird, ein weiterer Urlaubstag zu gewähren.

(4) Im Übrigen gelten für den Urlaub der Jugendlichen § 3 Abs. 2, §§ 4 bis 12 und § 13 Abs. 3 des Bundesurlaubsgesetzes. Der Auftraggeber oder Zwischenmeister hat jedoch abweichend von § 12 Nr. 1 des Bundesurlaubsgesetzes den jugendlichen Heimarbeitern für jedes Kalenderjahr einen bezahlten Erholungsurlaub entsprechend Absatz 2 zu gewähren; das Urlaubsentgelt der jugendlichen Heimarbeiter beträgt bei einem Urlaub von 30 Werktagen 11,6 vom Hundert, bei einem Urlaub von 27 Werktagen 10,3 vom Hundert und bei einem Urlaub von 25 Werktagen 9,5 vom Hundert.

Dabei ist von wöchentlich sechs Werktagen und fünf Arbeitstagen auszugehen. Der volle Urlaubsanspruch entsteht ab einer Beschäftigung von 6 Monaten.

Verlässt der Auszubildende vor erfüllter Wartezeit bzw. in der ersten Hälfte des kalendermäßigen Jahres das Unternehmen, ist für jeden vollen Beschäftigungsmonat ein Zwölftel des Jahresurlaubs fällig. Ab einem halben Tag wird aufgerundet. [§ 19 (4) Jugendarbeitsschutzgesetz in Verbindung mit § 5 (1) und (2) Bundesurlaubsgesetz].

§ 5 Bundesurlaubsgesetz Teilurlaub

(1) Anspruch auf ein Zwölftel des Jahresurlaubs für jeden vollen Monat des Bestehens des Arbeitsverhältnisses hat der Arbeitnehmer

a) für Zeiten eines Kalenderjahrs, für die er wegen Nichterfüllung der Wartezeit in diesem Kalenderjahr keinen vollen Urlaubsanspruch erwirbt;

b) wenn er vor erfüllter Wartezeit aus dem Arbeitsverhältnis ausscheidet;

c) wenn er nach erfüllter Wartezeit in der ersten Hälfte eines Kalenderjahrs aus dem Arbeitsverhältnis ausscheidet.

(2) Bruchteile von Urlaubstagen, die mindestens einen halben Tag ergeben, sind auf volle Urlaubstage aufzurunden.

(3) Hat der Arbeitnehmer im Falle des Absatzes 1 Buchstabe c bereits Urlaub über den ihm zustehenden Umfang hinaus erhalten, so kann das dafür gezahlte Urlaubsentgelt nicht zurückgefordert werden.

Beispiel:

Ein gerade 16-jähriger beginnt im September die Ausbildung im Betrieb.

a) Ende Januar des übernächsten Jahres findet er im Alter von 17 seinen Traum-Ausbildungsplatz und verlässt das Unternehmen. Wie viel Urlaub steht ihm in diesem Jahr im bisherigen Unternehmen zu?

b) Ende April des übernächsten Jahres verlässt er das Unternehmen. Wie hoch ist in diesem Jahr sein Urlaubsanspruch an dieses Unternehmen?

Antwort: a) 2 Arbeitstage; b) 8 Werktage oder 7 Arbeitstage, da der Auszubildende zu Beginn des Kalenderjahrs noch nicht 18 Jahre, aber über 17 Jahre alt ist. Die Zwölftel-Jahresurlaubs-Regelung gilt.

Nach § 36 BBiG haben Ausbildende die Pflicht, eine Ausfertigung des Vertrags mit individuellem Ausbildungsplan an die Kammer zu senden.

§ **§ 36 BBiG Antrag und Mitteilungspflichten**
(1) Ausbildende haben unverzüglich nach Abschluss des Berufsausbildungsvertrages die Eintragung in das Verzeichnis zu beantragen. Eine Ausfertigung der Vertragsniederschrift ist beizufügen. Entsprechendes gilt bei Änderungen des wesentlichen Vertragsinhalts.
(2) Ausbildende und Auszubildende sind verpflichtet, den zuständigen Stellen die zur Eintragung nach § 34 erforderlichen Tatsachen auf Verlangen mitzuteilen.

Entsprechend § 34 BBiG hat die Kammer ein Verzeichnis der Berufsausbildungsverhältnisse zu führen und den Ausbildungsvertrag einzutragen.

§ **§ 34 BBiG Einrichten, Führen**
(1) Die zuständige Stelle hat für anerkannte Ausbildungsberufe ein Verzeichnis der Berufsausbildungsverhältnisse einzurichten und zu führen, in das der Berufsausbildungsvertrag einzutragen ist. Die Eintragung ist für Auszubildende gebührenfrei.
(2) Die Eintragung umfasst für jedes Berufsausbildungsverhältnis
1. Name, Vorname, Geburtsdatum, Anschrift der Auszubildenden;
2. Geschlecht, Staatsangehörigkeit, allgemeinbildender Schulabschluss, vorausgegangene Teilnahme an berufsvorbereitender Qualifizierung oder beruflicher Grundbildung, berufliche Vorbildung;
3. erforderlichenfalls Name, Vorname und Anschrift der gesetzlichen Vertreter oder Vertreterinnen;
4. Ausbildungsberuf einschließlich Fachrichtung;

5. Datum des Abschlusses des Ausbildungsvertrages, Ausbildungsdauer, Dauer der Probezeit;

6. Datum des Beginns der Berufsausbildung;

7. Art der Förderung bei überwiegend öffentlich, insbesondere auf Grund des Dritten Buches Sozialgesetzbuch geförderten Berufsausbildungsverhältnissen;

8. Name und Anschrift der Ausbildenden, Anschrift der Ausbildungsstätte, Wirtschaftszweig, Zugehörigkeit zum öffentlichen Dienst;

9. Name, Vorname, Geschlecht und Art der fachlichen Eignung der Ausbilder und Ausbilderinnen.

Im gleichen Zuge überprüft die Kammer
* Vertrag und Ausbildungsplan,
* die persönliche und fachliche Eignung des Ausbilders sowie die persönliche Eignung des Ausbildenden,
* die Eignung des Ausbildungsbetriebs,
* die Bescheinigung über die Erstuntersuchung.

Bei Berufsschulpflicht hat der Ausbildende den Auszubildenden bei der Berufsschule anzumelden.

2.5.2 Beendigung des Ausbildungsverhältnisses

Für die ordnungsgemäße Beendigung des Ausbildungsverhältnisses gibt es die folgenden Möglichkeiten:
* Ausbildungsabbruch durch Aufhebungsvertrag
* Kündigung
* Bestehen der Prüfung
* Ablauf der Ausbildungsdauer

In gegenseitigem Einvernehmen kann das Ausbildungsverhältnis beendet werden.

Ausbildende und Auszubildende einigen sich über die Bedingungen der Trennung und schließen einen Aufhebungsvertrag.

Folglich gilt der Auszubildende als ungekündigt. Es sind von keiner Seite Nachforderungen zu erwarten.

Nach § 22 BBiG wird zwischen Kündigung in der Probezeit und Kündigung nach der Probezeit unterschieden.

§ **§ 22 BBiG Kündigung**
(1) Während der Probezeit kann das Berufsausbildungsverhältnis jederzeit ohne Einhalten einer Kündigungsfrist gekündigt werden.
(2) Nach der Probezeit kann das Berufsausbildungsverhältnis nur gekündigt werden
1. aus einem wichtigen Grund ohne Einhalten einer Kündigungsfrist,
2. von Auszubildenden mit einer Kündigungsfrist von vier Wochen, wenn sie die Berufsausbildung aufgeben oder sich für eine andere Berufstätigkeit ausbilden lassen wollen.
(3) Die Kündigung muss schriftlich und in den Fällen des Absatzes 2 unter Angabe der Kündigungsgründe erfolgen.
(4) Eine Kündigung aus einem wichtigen Grund ist unwirksam, wenn die ihr zugrunde liegenden Tatsachen dem zur Kündigung Berechtigten länger als zwei Wochen bekannt sind. Ist ein vorgesehenes Güteverfahren vor einer außergerichtlichen Stelle eingeleitet, so wird bis zu dessen Beendigung der Lauf dieser Frist gehemmt.

In der Probezeit kann jederzeit ohne Angabe von Gründen das Arbeitsverhältnis ohne Einhaltung einer zeitlichen Frist gekündigt werden, § 22 (1) BBiG.

Nach Ablauf der Probezeit kann nur noch vom Auszubildenden gekündigt werden, außer es liegt ein wichtiger Grund vor, § 22 (2) Nr. 2 BBiG.

Ein **wichtiger Grund**, bei dem auch der Ausbildungsbetrieb kündigen kann, liegt vor, wenn dem Betrieb eine weitere Beschäftigung nicht zugemutet werden kann, § 22 (2) Nr. 1 BBiG. Vor der fristlosen Kündigung, und nur diese kommt in Frage, hat mindestens eine Abmahnung mit Kündigungsandrohung zu erfolgen.

Gemäß § 22 (3) und (4) BBiG muss darauf geachtet werden, dass die Kündigung innerhalb von zwei Wochen nach Bekanntwerden des Grundes geschrieben und zugestellt wird. Anderenfalls ist sie unwirksam.

Einen besonderen Schutz genießen werdende und junge Mütter: Nach § 9 MuSchG (Mutterschutzgesetz) ist die Kündigung während der Schwangerschaft und bis zu vier Monate nach der Entbindung unzulässig, wenn der Arbeitgeber zur Zeit der Kündigung von der Schwangerschaft oder von der Entbindung gewusst hat. Dieser geschützte Zeitraum wird erweitert, wenn das Überschreiten durch einen Grund geschieht, den die Mutter nicht zu vertreten hat.

Die Ausbildung endet im Normalfall durch die Bekanntgabe der bestandenen Abschlussprüfung nach § 21 (2) BBiG. Wird der Auszubildende anschließend ohne Vereinbarung weiter beschäftigt, wird gemäß § 24 BBiG ein Arbeitsverhältnis auf unbestimmte Zeit begründet.

§ 24 BBiG Weiterarbeit

Werden Auszubildende im Anschluss an das Berufsausbildungsverhältnis beschäftigt, ohne dass hierüber ausdrücklich etwas vereinbart worden ist, so gilt ein Arbeitsverhältnis auf unbestimmte Zeit als begründet.

Wird die Abschlussprüfung nicht bestanden, verlängert sich das Ausbildungsverhältnis auf Verlangen des Auszubildenden automatisch, höchstens aber bis zu einem Jahr. Innerhalb dieser Zeit sollte er das nächste Mal zur Prüfung antreten und hoffentlich bestehen. Die Prüfung kann auch später nachgeholt werden, dann aber ohne bestehendes Ausbildungsverhältnis, § 21 (2) und (3) BBiG.

§ **21 BBiG Beendigung**

(1) Das Berufsausbildungsverhältnis endet mit dem Ablauf der Ausbildungszeit. Im Falle der Stufenausbildung endet es mit Ablauf der letzten Stufe.

(2) Bestehen Auszubildende vor Ablauf der Ausbildungszeit die Abschlussprüfung, so endet das Berufsausbildungsverhältnis mit Bekanntgabe des Ergebnisses durch den Prüfungsausschuss.

(3) Bestehen Auszubildende die Abschlussprüfung nicht, so verlängert sich das Berufsausbildungsverhältnis auf ihr Verlangen bis zur nächstmöglichen Wiederholungsprüfung, höchstens um ein Jahr.

2.6 Vermittlung von Ausbildungsinhalten im Ausland

Nach § 2 (3) BBiG kann bis zu ein Viertel der Ausbildungszeit im Ausland verbracht und angerechnet werden.

§ **2 BBiG Lernorte der Berufsbildung**

(3) Teile der Berufsausbildung können im Ausland durchgeführt werden, wenn dies dem Ausbildungsziel dient. Ihre Gesamtdauer soll ein Viertel der in der Ausbildungsordnung festgelegten Ausbildungsdauer nicht überschreiten.

Die EU unterstützt Auslandsaufenthalte von Auszubildenden mittels verschiedener Förderprogramme.

Mit dem Programm „Leonardo da Vinci" werden Lebenshaltungs- und Reisekosten für Auslandsaufenthalte von Auszubildenden, Ausbildern, Studenten und Berufsanfängern, die gerade das Studium oder eine Ausbildung abgeschlossen haben, bezuschusst. Voraussetzung sind Austauschprojekte von Unternehmen, Kammern und anderen Institutionen mit ausländischen

Partnern zur Förderung der grenzübergreifenden beruflichen Bildung.

Zu beantragen sind die Zuschüsse bei der „Nationalen Agentur Bildung für Europa beim Bundesinstitut für Berufsbildung" in Bonn. (Näheres unter www.career-contact.de)

Der Europass ist ein Nachweis der EU für Auszubildende, Studenten und Arbeitssuchende. Erworbene Sprachkenntnisse und Qualifikationen werden in verschiedenen Sprachen dokumentiert. Diese Bescheinigungen können den Auslandsbewerbungen beigelegt werden und stellen die im Ausland erworbenen Qualifikationen verständlich und übersichtlich dar.

3 Ausbildung durchführen

- Lernförderung, Lernkultur, Rückmeldung
- Probezeit
- Lernziele und Lernbereiche
- Ausbildungsmethoden und -medien
- Lernschwierigkeiten und Verhaltensauffälligkeiten
- Förderung, Zusatzqualifikation, Ausbildungsverkürzung
- Soziale und persönliche Entwicklung, Konflikte
- Leistungsbewertung, Beurteilungsgespräch
- Interkulturelle Kompetenz, externe Kooperation

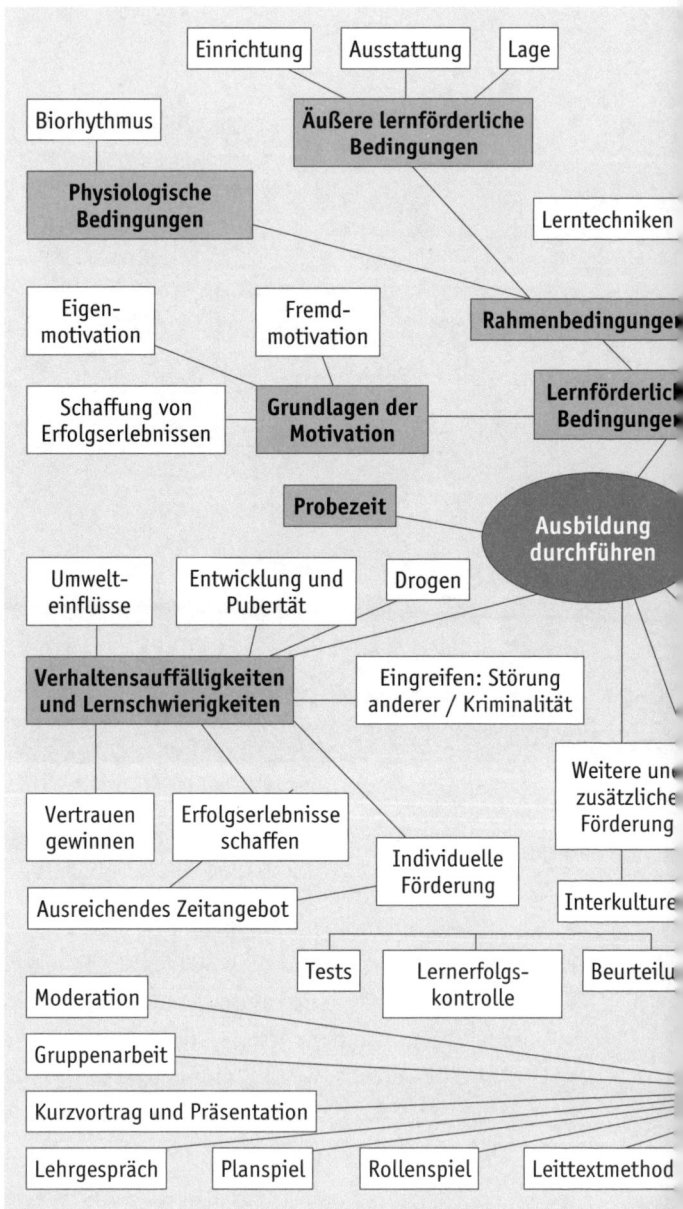

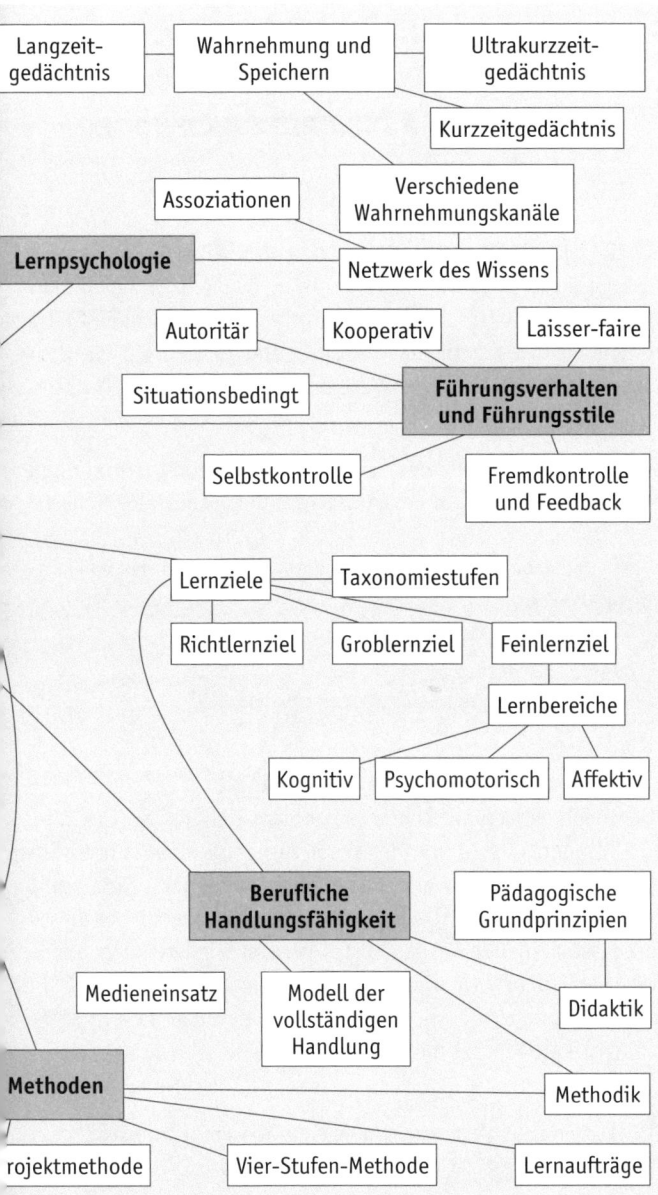

3.1 Lernförderliche Bedingungen und eine motivierende Lernkultur schaffen, Rückmeldungen geben und empfangen

3.1.1 Lernen – wie funktioniert das?

Auszubildende müssen gezielt gefördert werden. Stellt sich der Lernerfolg nicht ein, müssen die Ausbilder unterstützend tätig werden. Sie müssen die Lernlücken schließen (helfen). Dazu ist hilfreich, sich zu vergegenwärtigen, wie das Lernen funktioniert.

Was passiert im Kopf eines Auszubildenden beim gedanklichen Probehandeln? Wie kann man als Ausbilder Lernerfolge sichern?

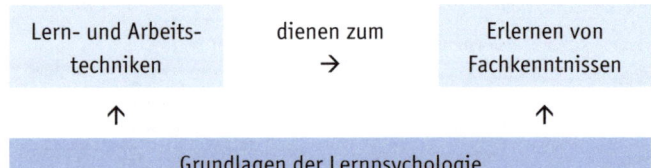

3.1.1.1 Grundlagen der Lernpsychologie

Das Modell des semantischen Netzwerkes – „Netzwerk des Wissens knüpfen" – geht von der Vorstellung aus, dass Wissen im Gedächtnis als Netzwerk gespeichert wird. Das Netz wird geknüpft durch die Verbindung von Informationen. Über dieses Netz lässt sich auch gespeichertes Wissen wiederfinden. Diese Netze bleiben nur bestehen, wenn die Verbindungen regelmäßig aktiviert werden oder die Verbindungen sich bereits sehr stark im Gehirn eingeprägt haben.

> **!** Lernen ist ein aktives Knüpfen eines Wissensnetzwerkes.

Für die auszuführende Handlung bedarf es einer entsprechenden Verknüpfung von gespeicherten Informationen, also von Wissen.

Beispiele für Verknüpfungen mit vorhandenem Wissen oder Bildern (Assoziationen):

- Rotes Licht – Vorsicht
- Rote Ampel – bremsen
- Erspähen des Vorgesetzten – „aus dem Weg gehen"
- Montagmorgen – Robinson-Crusoe-Syndrom: Warten auf Freitag
- Weihnachtsmusik – Besinnlichkeit
- Duft von Grillfleisch – Hunger
- Bild eines Weißbiers mit herrlichem weißem Schaum – Durst

Solche Bilder helfen, an eine bestimmte Sache zu denken oder sich daran zu erinnern.

Um in Fachbüchern gezielt nach Informationen zu suchen, müssen bereits Kenntnisse vorhanden sein, an die diese zusätzlichen Informationen anknüpfen. Die gesuchte Information stellt eine Lücke im Wissensnetzwerk dar. Das Wissen um diese Lücke herum ermöglicht, nach einer Sachlage zu fragen, die durch die gesuchte Information geklärt werden kann.

Verschiedene Wahrnehmungskanäle – welcher Lernmodus dominiert:

- Der **visuelle Lerntyp** kann Lerninhalte schneller aufnehmen und besser behalten, wenn sie ihm als Bilder oder grafische Darstellungen vorgelegt werden. Er liest lieber, als dass er zuhört.
- Der **auditive Lerntyp** nimmt neue Lerninhalte am besten über das Gehör auf. Er kann gut aufmerksam zuhören und liest sich selbst gern laut vor.
- Der **kinästhetische Lerntyp** lernt am besten durch eigene Ausführung. Er will gerne Neues anfassen, braucht zum Denken körperliche Bewegung.

Wahrnehmung und Speichern von Informationen

Das Gehirn wird dargestellt als Modell mit drei verschiedenen
Speichern:

- das Ultrakurzzeitgedächtnis zur kurzfristigen Wahrneh-
  mung für ein bis zwei Sekunden
- das Kurzzeitgedächtnis für ca. 20 Minuten
- das Langzeitgedächtnis für immer

Informationen, die bemerkt werden und damit aufgenommen
werden durch die Sinne, kommen zunächst zum **Ultrakurzzeitgedächtnis**. Es öffnet sich die erste Tür.

Ist der Reiz stark genug, den die Sinne verspüren, dringt die
Information durch die zweite Tür zum **Kurzzeitgedächtnis**.

Bei entsprechender Stärke des Reizes gelangt die Information
weiter ins **Langzeitgedächtnis**. Der Reiz wird stärker, wenn die
Information im Gedächtnis mit anderen Bildern in Verbindung
steht. Die Information wird für lange Zeit im Gehirn gespeichert.

Die Stärke des Reizes hängt nicht nur davon ab, ob einen eine
Sache interessiert oder ob sie einem gefällt. Auch Informationen,
die einem stark auf die Nerven gehen, stellen starke Reize dar
und übersteigen diese Reizschwellen.

 Beim Lernen sollten möglichst viele Sinne angesprochen werden.

Je mehr Sinne die Informationen wahrnehmen, umso größer ist die Wahrscheinlichkeit für die Speicherung. Was der Mensch selbst tut, kann er am besten behalten.

Folgende Lerntechniken können gezielt eingesetzt werden

Operante Konditionierung	Menschen wie Tiere lernen durch Belohnung und Strafe. Ein Kind wird getadelt, wenn es etwas Verkehrtes macht, und begeht den Fehler nicht mehr. Umgekehrt kann Lob dazu führen, dass der Gelobte eine bestimmte Tätigkeit wieder in ähnlicher Weise ausführt. Lob wirkt stärker als Tadel. Deshalb: „Erwischen Sie Auszubildende, wenn sie Arbeitsprozesse richtig machen."
Lernen durch Nachahmung	Der Lernende nimmt sich an einem Vorbild ein Beispiel, erkennt, dass es so richtig ist, und macht das Gesehene nach. Es wird vom „Lernen am Modell" gesprochen.
Instrumentelle Konditionierung	Dies ist das Ausprobieren. Führt ein Fehler z.B. zu Schmerzen, wie das Berühren einer heißen Ofenplatte, wird zukünftig darauf geachtet, diesen Fehler nicht nochmals zu machen.
Klassische Konditionierung - Lernen durch Verknüpfungen	Die Technik ist durch den Pawlowschen Versuch bekannt geworden: Bei der Fütterung entsteht bei Hunden regelmäßig Speichelfluss. Es wurde während der Fütterung eines Hundes nun regelmäßig mit einer Glocke geläutet. Aufgrund des Anblicks und dem Geruch von Nahrung entstand beim Hund Speichelfluss. Nach einiger Zeit wurde nur noch geläutet und das Futter weggelassen. Der Hund reagierte dennoch mit Speichelfluss. Der Hund hatte beide Reize verbunden, das Läuten der Glocke und die Fütterung. Ähnliches ereignet sich beim Menschen durch den Bau von Eselsbrücken (Mnemotechnik), so reagiert auch er auf Signale (rote Ampel).
Lernen durch Einsicht	Anknüpfen an schon Bekanntes: Es wird gelernt, verschiedene Erkenntnisse selbstständig zu verknüpfen und daraus Folgerungen zu ziehen.

Das Ergebnis des Lernens ist das richtige Verhalten in den jeweiligen Situationen und Problemstellungen.

3.1.1.2 Äußere Rahmenbedingungen

Die folgenden Rahmenbedingungen sind für das Lernen von Bedeutung und müssen an die jeweiligen Anforderungen spezifisch angepasst werden:

- Sozialeinrichtungen
- Ausstattung
- Arbeitssicherheit (gesetzliche Grundlagen)
- Ergonomie (Anthropometrie als Rücksichtnahme auf die Maße des Körpers, keine einseitige Belastung, Lichtverhältnisse, Temperatur, Klima)
- Betriebsklima
- Geografische Lage, Verkehrsverbindungen, Erreichbarkeit
- Vorhandensein von Lernmedien und Arbeitsmitteln
- Ausbildungspersonal
- Unterweisungsstil des Ausbilders
- Leistungsbereitschaft, mögliche Ursache: Biorhythmus

3.1.1.3 Physiologische Bedingungen – Biorhythmus

Jeder Mensch unterliegt einem Biorhythmus. Dieser ist bei allen Menschen in etwa ähnlich mit im Verhältnis geringeren individuellen Abweichungen. Die Leistungsfähigkeit ist über den Tagesablauf unterschiedlich hoch. Am Vormittag ist man leistungsfähiger als nachmittags. Daher sollten wichtige Lerninhalte am Vormittag vermittelt werden. Am Nachmittag sollten dagegen möglichst Fertigkeiten selbstständig eingeübt oder Kenntnisse wiederholt werden, um diese zu festigen.

Durch Pausen und Ausbildungsgestaltung kann die Müdigkeit verringert werden. Nach § 11 Jugendarbeitsschutzgesetz muss eine Pause mindestens 15 Minuten betragen.

Auch die **Entwicklungsphasen** des jungen Menschen spielen eine Rolle für die Lernfähigkeit. Die geschlechtliche Entwicklung und das Wachstum, insbesondere in der Pubertät und in der nachfolgenden Adoleszenz, genauso wie die Ablösung von den

Eltern, beeinflussen das Verhalten. Weiter wird auf diese Problematiken in Punkt 3.5 eingegangen.

3.1.2 Grundlagen der Motivation

Eine wichtige Rahmenbedingung für das Lernen ist die Motivation. Die Auszubildenden sollten eine bestimmte Neugierde für neue Tätigkeiten in ihrem Berufsfeld entwickeln. Motivation führt zur Lernbereitschaft, dem Willen, sich für das Erlernen einer Tätigkeit oder des ganzen Berufes anzustrengen. Die Ausbilder sollten die Neugierde wecken und eine positive Einstellung zur Arbeit unterstützen. Sie sollten die Bedeutung der zu erlernenden Tätigkeiten wie auch des gesamten Berufs für die Gesellschaft, für das Unternehmen oder für die Volkswirtschaft aufzeigen.

Zu unterscheiden sind Eigen- und Fremdmotivation. **Eigenmotivation** kommt aus einem selbst heraus. Der Mensch will es von sich aus. Er ist überzeugt, dass dies das Richtige ist. Der Auszubildende sollte überzeugt sein, dass der von ihm gewählte Beruf der richtige ist und ihm die Tätigkeit wirklich gefällt. Er weiß, dass er mit diesem Beruf gut Geld verdienen kann. **Fremdmotivation** entsteht durch andere. Beispiel: Der Vater überzeugt den Sohn, dass dieser Beruf der richtige für ihn sei.

Vielfach wird Eigen- und Fremdmotivation mit den Begriffen **intrinsische** und **extrinsische Motivation** gleichgesetzt. Intrinsisch bedeutet in diesem Zusammenhang, der Beruf selbst und die damit verbundenen Tätigkeiten interessieren den Auszubildenden.

Extrinsische Motivation dagegen würde heißen, dass der Auszubildende diesen Beruf erlernen möchte, aber nicht aus Interesse an den Aufgaben, sondern aufgrund bestimmter Vorteile, z.B. es dem Vater recht zu machen oder wegen der (angeblichen) Chance, damit viel Geld verdienen zu können.

Motivation stellt eine wichtige **Grundlage für den Lernerfolg** dar. Tritt der Erfolg ein, verstärkt dies die Motivation, weiter zu lernen. Misserfolg führt zum Gegenteil, d.h., der Mensch wird versuchen, weiteren Misserfolg zu vermeiden, und geht einer Aufgabe lieber aus dem Weg. Er sucht irgendeine Ausrede, warum er sich einer Lernaufgabe nicht stellen muss.

Folglich muss der Ausbilder bestrebt sein, dass der Auszubildende bei dem Erlernen einer Arbeit bzw. bei der Ausführung eines Lernauftrags Erfolg hat. Dazu sind die anstehenden Lernziele erreichbar für den einzelnen Auszubildenden zu gestalten.

3.1.3 *Führungsverhalten und Führungsstile*

Nach Kurt Lewin gibt es drei klassische Führungsstile, den autoritären, den kooperativen und den Laisser-faire-Führungsstil.

Beim **autoritären Führungsstil** zählt nur die Meinung des Ausbilders. Er gibt vor, was wie zu tun ist. Der Auszubildende hat nur zu befolgen, was ihm gesagt wird.

Beim **kooperativen Führungsstil** bezieht der Ausbilder andere in die Entscheidungen mit ein. Der Auszubildende darf mitreden, wie er seine Arbeit erledigt. Er wird ermutigt, sich selbst Gedanken zu machen, wie Probleme zu lösen sind. Damit wird seine Handlungskompetenz gefördert.

Der **Laisser-faire-Führungsstil** dagegen besagt, dass der Ausbilder weder Wert auf die Erledigung der Aufgaben legt noch sich darum kümmert, wie es dem Auszubildenden im Betrieb ergeht.

Der tatsächlich praktizierte Führungsstil wird immer irgendwo zwischen diesen Polen liegen. Wird auch ein kooperativer Führungsstil angestrebt und im Allgemeinen durchgeführt, wird dennoch in Gefahr- oder sonstigen Stresssituationen notwendigerweise zum autoritären Stil übergegangen.

In der betrieblichen Praxis ist die jeweilige Situation zu berücksichtigen (**situativer Führungsstil**). Dies bedeutet, die Einstellung und Persönlichkeit der Auszubildenden und ihre Fähigkeiten beeinflussen den Stil.

Der Ausbilder muss durch Fachwissen, aber auch durch seine Persönlichkeit überzeugen und sich damit Autorität verschaffen. Er hat die Aufgabe, dem Auszubildenden ein gutes Vorbild bei der Arbeitseinstellung und im Verhalten abzugeben.

Dennoch sollte der Auszubildende keine Kopie des Ausbilders werden, sondern sich zu einer eigenen Persönlichkeit entwickeln. Der Betrieb braucht nicht zweimal die Einstellungen und Ideen des Ausbilders, sondern neue Kreativität.

Sowohl eine Selbstkontrolle durch den Auszubildenden selbst als auch eine Fremdkontrolle durch den Ausbilder mit anschließend gemeinsamer Auswertung sind notwendig. Die Auszubildenden sollten vom Ausbilder auch erfahren, ob ihr Verhalten und ihre Arbeit passen oder ob Mängel auftreten, die beseitigt werden müssen. Das Feedback sollte immer konstruktiv sein.

3.2 Probezeit organisieren, gestalten und bewerten

In der Probezeit sollte zum einen klar werden, ob der Auszubildende für diesen Beruf geeignet ist und zu dem Betrieb passt. Zum anderen muss sich der Auszubildende klar werden, ob ihm diese berufliche Tätigkeit gefällt und ob er sich in diesem Betrieb wohlfühlt.

Der Auszubildende soll in der Probezeit mit den typischen Aufgaben dieses Berufsfeldes konfrontiert werden.

In der Probezeit ist von beiden Seiten, Auszubildenden und Betrieb, eine Kündigung ohne Angabe von Gründen möglich. Nach dieser Zeit kann der Betrieb dem Auszubildenden nur noch bei Vorliegen schwerwiegender Gründe kündigen. Der Auszubildende hat später auch noch die Möglichkeit, sich vom Betrieb zu trennen.

3.3 Entwicklung und Gestaltung betrieblicher Lern- und Arbeitsaufgaben

3.3.1 Was soll gelernt werden? – Lernziele und Lernbereiche

Bei der Zielsetzung des Lernens wird zunächst unterteilt in Richt-, Grob- und Feinlernziele. Das Richtlernziel gibt an, in welchen Bereich das zu Lernende einzuordnen ist. Das Groblernziel gibt allgemein an, was gelernt werden soll. Dagegen ist das Feinlernziel bereits auf das Unternehmen bezogen, wobei ganz spezielle Kenntnisse, Fertigkeiten oder Fähigkeiten vermittelt werden sollen.

Beispiel:

Richtlernziel	Vermittlung von Kenntnissen und Fertigkeiten bezüglich Anwendungssoftware
Groblernziel	Anwendungssoftware nach Einsatzbereichen unterscheiden
Feinlernziel	Lernen, einen Brief mit Hilfe des Programms „Word" zu schreiben

Taxonomiestufen

Die Lernziele können in unterschiedlichen Anspruchsstufen vermittelt werden.

Dies reicht vom
- Kennen und der Fähigkeit des Heruntersagens über
- Erklären und Darstellen von Zusammenhängen bis zur
- Anwendung von Gelerntem auf ähnliche Problemstellungen.

Das Feinlernziel kann in verschiedene Lernbereiche unterteilt werden:

1. Kognitiver (geistiger) Lernbereich

Der kognitive Lernbereich bezieht sich auf **Kenntnisse**. Es wird Wissen erworben – die Auszubildenden sollen bestimmte Lerninhalte und Vorgehensweisen verstehen.

> Beispiele: eine Formel lernen, chemische Zusammensetzungen lernen, Textaufgaben lösen lernen

2. Psychomotorischer (körperlicher) Lernbereich

Manuelle Fertigkeiten und Koordination sind zu erlernen.

> Beispiele: im Zehn-Finger-System Computer schreiben lernen, ein Werkstück fräsen

3. Affektiver (gefühlsmäßiger) Lernbereich

Die Auszubildenden sollen ein Gefühl für bestimmte Problemstellungen erlangen, abschätzen lernen.

> Beispiele: mit Kunden umgehen lernen, mit Kollegen und Vorgesetzten auskommen lernen

Die Lernziele sollten von den Auszubildenden erreicht werden. Ausbilder und Ausbildungsbeauftragte kontrollieren die Ergebnisse. Sie beobachten aufgrund vorgegebener Kriterien die Arbeitsdurchführung, beurteilen diese und besprechen diese zusammen mit den Auszubildenden.

Auch in der Berufsschule werden Lernerfolgskontrollen durchgeführt und bewertet.

Lernerfolgskontrollen zeigen, wie gut die Lernziele erfüllt sind und wo noch Lücken zu schließen sind.

3.3.2 Berufliche Handlungsfähigkeit

Erfolgreiches Lernen ist am ehesten erreichbar, wenn bestimmte Prinzipien für die Vermittlung der Lehrinhalte beachtet werden, die sogenannten **pädagogischen Grundprinzipien**:

- Vom Einfachen zum Schwierigen: Die Lernziele sollten für die Auszubildenden jeweils erreichbar erscheinen. Die Auszubildenden sollten gefordert, aber nicht überfordert werden.
- Schritt für Schritt: Den Auszubildenden sollte ein Schritt nach dem anderen erklärt und beigebracht werden. Erst wenn der erste Schritt geschafft ist, soll auf den nächsten übergegangen werden.

Didaktik und Methodik

Als **Didaktik** wird allgemein die „Wissenschaft vom Lehren" bezeichnet. Für die Tätigkeit des Ausbilders, dem durch Rahmenpläne die Ziele vorgegeben sind, stehen die Reihenfolge der Vermittlung und die jeweiligen Lehrinhalte im Vordergrund. Ferner gehören dazu auch die pädagogischen Prinzipien.

Methodik steht für die Art und Weise der Vermittlung. Die verwendeten Methoden sollen die Auszubildenden möglichst stark aktivieren. Die Auszubildenden sollen gefordert sein, die Aufgaben zu überdenken und selbstständig Problemlösungen zu entwickeln. Sie sollen die Vorgehensweise erst im Geiste durchspielen, bevor sie sie tatsächlich in die Tat umsetzen. Damit lernen sie selbstständig zu planen, durchzuführen und zu kontrollieren, eben Handlungskompetenz.

Ausbilder geben an die Auszubildenden Lernaufträge, Aufträge, die sie aufgrund ihres bisherigen Kenntnisstandes durchzuführen imstande sein sollten.

Die Auszubildenden haben selbstständig Informationsquellen zu finden und aus den verschiedenen Quellen für die jeweiligen Aufträge brauchbare Informationen herauszuholen. Mit diesen Kenntnissen sollten sie an die Lösung der Aufgaben herangehen.

Tätigkeiten	Kenntnisse	Informationsquellen
Arbeitsschritte	Arbeitsanweisungen, Zeichnungen	Internet, Fachbücher, Fachkräfte

Das Modell der vollständigen Handlung stellt einen Teil des Wissensnetzwerks dar, eine besondere Form der Verknüpfung mit vorhandenem Wissen.

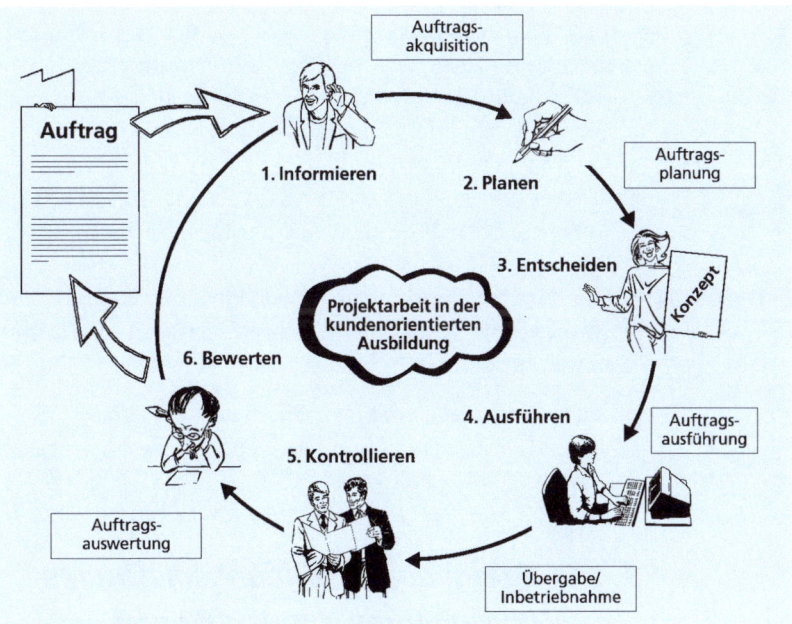

Quelle: Ott/Grotensohn, Arbeits- und Betriebspädagogik, Berlin 2005, S. 61

- **Information und Planung**: Nachdem die Auszubildenden sich die Kenntnisse beschafft haben, können sie selbstständig Lösungsalternativen entwickeln.
- **Entscheidung und Ausführung**: Diese müssen beurteilt und bewertet werden. Unter Mitwirkung von Ausbilder oder Fachkräften entscheiden sich die Auszubildenden für eine Alternative und führen diese selbstständig aus.

- **Kontrolle und Auswertung**: Sie kontrollieren ihre Arbeit zunächst selbst. Mit dem Ausbilder bzw. mit der Fachkraft wird die getane Arbeit ausgewertet. Hier wird darüber gesprochen, ob die Vorgehensweise effektiv war, was sich beim nächsten Lernauftrag ändern sollte.

Eine Technik zur Darstellung der Struktur des Wissens ist das Mindmap.

- Es ist ähnlich zu den Vorstellungen des Wissensnetzwerkes aufgebaut. „Hirngerechtes Lernen" spricht die kreative rechte Gehirnhälfte an: Diese wirkt aufgrund der grafischen Darstellung mit beim Verarbeiten der Information und unterstützt die linke Gehirnhälfte, deren Stärke in der Aufnahme von in Worten gefassten Informationen besteht.
- Das Thema wird als Ellipse in das Zentrum genommen. An dieses schließen die Gedanken dazu als Äste an und werden weiter verzweigt für weitere Ausführungen zu diesen Gedanken.
- Das Mindmap wird in der Ausbildung zur visuellen Unterstützung von Gruppendiskussionen wie auch als Darstellungstechnik für individuelles Lernen verwendet.

Im vorliegenden Buch werden Mindmaps zur Stoffübersicht genutzt, siehe jeweils zu Beginn der Kapitel – dies sind zugleich Veranschaulichungsbeispiele.

3.4 *Geeignete Ausbildungsmethoden und -medien auswählen und einsetzen*

Der Ausbilder sollte sich zunächst Gedanken über seinen Auszubildenden machen. Welche Vorkenntnisse hat er, welche Schulausbildung, aus welcher Familie kommt er, welche Hobbys hat er, in welchem Entwicklungsstand ist er?

Wie sollten ihm demnach die Lerninhalte vermittelt werden?

Ebenso ist zu überlegen, an welchem Lernort, ob Büro, Werkstatt, Lehrwerkstatt oder Unterrichtsraum, welches Lernziel vermittelt werden soll.

Das Büro passt zur Besprechung der Lehrinhalte oder zum Ausfüllen von Formularen. Die Lehrwerkstatt eignet sich für das Erlernen bestimmter Arbeitsschritte sowie des Umgangs mit der Maschine. In der Werkstatt wird flexibles funktionelles Arbeiten gelernt, dabei darauf einzugehen, was der Kunde konkret braucht.

Je nachdem, welches Ziel mit der anstehenden Unterweisung verbunden ist, werden unterschiedliche Methoden angewendet.

Ausbilder-zentrierte Methoden wie Vortrag oder Vier-Stufen-Methode sind gefragt, wenn die reine Vermittlung von Fachkenntnissen und Fertigkeiten im Vordergrund steht.

Auszubildenden-zentrierte Methoden kommen dort ins Spiel, wo die gesamte Handlungskompetenz und vor allem die Methoden- oder Sozialkompetenz gefördert werden sollen. Derartige Methoden sind ganz besonders die Projektarbeit oder die Leittextmethode.

3.4.1 Die Unterweisung nach der Vier-Stufen-Methode

Nach § 4 (3) AEVO besteht die mündliche Prüfung zum Ausbilder aus der „Präsentation einer Ausbildungssituation" oder einer Unterweisungsprobe.

> **§ 4 AEVO Nachweis der Eignung**
> (1) Die Eignung nach § 2 ist in einer Prüfung nachzuweisen. Die Prüfung besteht aus einem schriftlichen und einem praktischen Teil. Die Prüfung ist bestanden, wenn jeder Prüfungsteil mit mindestens „ausreichend" bewertet wurde. Innerhalb eines Prüfungsverfahrens kann eine nicht bestandene Prüfung zweimal wiederholt werden. Ein bestandener Prüfungsteil kann dabei angerechnet werden.

§

(2) ...

(3) Der praktische Teil der Prüfung besteht aus der Präsentation einer Ausbildungssituation und einem Fachgespräch mit einer Dauer von insgesamt höchstens 30 Minuten. Hierfür wählt der Prüfungsteilnehmer eine berufstypische Ausbildungssituation aus. Die Präsentation soll 15 Minuten nicht überschreiten. Die Auswahl und Gestaltung der Ausbildungssituation sind im Fachgespräch zu erläutern. Anstelle der Präsentation kann eine Ausbildungssituation auch praktisch durchgeführt werden.

Die Vier-Stufen-Methode ist eine Unterweisungsmethode für die Vermittlung von Fertigkeiten und Kenntnissen. Ihre amerikanische Bezeichnung ist „Training Within Industry".

Diese Methode wird in einigen Kammerbezirken für die Unterweisung bzw. **„Durchführung einer Ausbildungssituation"** innerhalb des mündlichen Teils der Ausbildereignungsprüfung nach der Ausbilder-Eignungsverordnung (AEVO) empfohlen.

Hierbei soll der angehende Ausbilder ein Muster für spätere Unterweisungen im betrieblichen Alltag erstellen. Bestimmte Inhalte werden dabei zur Verdeutlichung etwas stärker betont, als sie später in die Praxis umgesetzt werden.

Ein schriftlicher Plan in mehrfacher Ausfertigung wird von den meisten Kammern für die AEVO-Prüfung gefordert. An diesen Plan soll sich der Prüfungsteilnehmer während der mündlichen Prüfung halten, sowohl inhaltlich wie auch zeitlich.

Dieser Plan kann wie folgt gestaltet und mit den nachfolgenden Inhalten und Vorgehensbeschreibungen ausgestattet sein. Entsprechend dem Allgemeinen Gleichbehandlungsgesetz sollten sowohl weibliche wie auch männliche Auszubildende angesprochen werden, d.h., als Subjekt kann immer die Form „der/die Auszubildende" oder die Mehrzahl „die Auszubildenden" verwendet werden.

Das Deckblatt soll enthalten:
- Name und Adresse des zukünftigen Ausbilders
- Thema der Unterweisung
- Ausbildungsberuf
- Ort der Unterweisung (zu wählen ist ein Büro, die Lehrwerkstatt oder ein sonstiger Lernort)
- die Anzahl der Auszubildenden bei der Unterweisung und das Lehrjahr
- Nennung der jeweiligen Methode
- Dauer der Unterweisung (ideal wären 15 Minuten, 20 Minuten sollten nicht überschritten werden)
- Ausbildungshilfsmittel und Medien, in Betracht kommen vor allem Overhead-Projektor, Beamer, Flipchart, Formulare, Werkzeuge und Pläne (diese Liste ist beliebig erweiterbar)
- Datum, Unterschrift sowie folgende Erklärung: „Hiermit bestätige ich, die Unterweisung selbstständig erstellt zu haben.“

Je nach Kammer werden auch zuständige Stelle, Tag der Unterweisung, Ziel der Unterweisung und weitere Angaben aufgeführt.

Die Seite 2 beinhaltet:
- die Beschreibung der Ausgangslage für den oder die Auszubildenden in neutraler Form, so dass sie auch später mit anderen Auszubildenden verwendet werden kann. Hier geht es um die Vorkenntnisse bis zu diesem Zeitpunkt, Interessen und Neigungen, die die Auszubildenden mitbringen sollten, und das Lehrhalbjahr der Auszubildenden. Grundsätzlich ist es wichtig, dass sich die Ausbilder Gedanken über die Auszubildenden machen. Welche Stärken, welche Schwächen haben sie? Welche Vorkenntnisse bringen sie mit? Wie viel Zeit benötigen sie, um den Lerninhalt zu verstehen? Auf den individuellen Auszubildenden ist einzugehen.
- die Richt-, Grob- und Feinlernziele und die Gliederung der Feinlernziele in kognitive, affektive und psychomotorische Lernbereiche, falls vorhanden

Diese beiden Seiten sind für alle Unterweisungsproben gleich.

Bei der Vier-Stufen-Methode folgen dann die vier Stufen. Dabei ist auch die 3. Seite für alle Unterweisungsproben generell gleich. Ihr Titel lautet:

1. Stufe – Vorbereitung (= Seite 3)

Der Arbeitsplatz ist vorzubereiten, die Arbeits- und Hilfsmittel sind aufzuführen. Die Auszubildenden werden zur Unterweisung begrüßt. Mit einem Small Talk wird ihnen die Befangenheit genommen. Hier wird über belanglose Dinge gesprochen wie das Wetter, das Fußballspiel am Vorabend, die Parkplatzsuche am Morgen und Ähnliches.

Auf die Eingewöhnung der Auszubildenden im Betrieb wird eingegangen. Über bisher Gelerntes wird gesprochen. Dabei wird per Fragestellung versucht, die bisherigen Kenntnisse der Auszubildenden zu ergründen. So wird langsam auf das nun genannte Thema der Unterweisung hingearbeitet. Die Wichtigkeit und Bedeutung des aktuellen Unterweisungsthemas wird herausgestellt.

Werkzeuge, Formulare und andere Arbeitsmittel werden erklärt, eventuell den Auszubildenden in die Hand gegeben. Auf Unfallgefahren und entsprechende Gegenmaßnahmen der anstehenden Arbeit wird hingewiesen.

2. Stufe – Vormachen und Erklären (= Seite 4)

Schritt für Schritt wird die zu erlernende Arbeit erklärt und demonstriert. Im Plan eignet sich eine tabellarische Darstellung. Die einzelnen Arbeitsschritte sollten dabei nummeriert aufgeführt werden. Medien und Hilfsmittel sind dabei sinnvoll zu nutzen. Das Werkzeug kann beispielsweise auf Folie vergrößert abgebildet sein, so dass die einzelnen Teile dadurch gut sichtbar erklärt werden können.

Den Auszubildenden sollten Kriterien genannt werden, anhand derer sie erkennen, ob sie die jeweiligen Arbeitsschritte richtig gemacht haben. Zum Beispiel wird erklärt, dass beim in der Gastronomie häufig vorkommenden Thema „Servietten falten" die gefaltete Serviette einer bestimmten Form entsprechen sollte.

Die Auszubildenden werden gefragt, ob ihnen die Schritte klar sind bzw. welche Fragen sie noch dazu haben.

3. Stufe – Nachmachen und Erklären lassen

(= je nach Umfang der Planung ab Seite 5)

Die Auszubildenden werden aufgefordert, das Gezeigte nachzumachen und zu erklären, was zu tun ist und zu welchem Zweck. Um Sicherheit zu bekommen, sollten die Auszubildenden bei der Durchführung möglichst wenig unterbrochen werden. Sie sollten nur begleitend zu ihrer Ausübung per Fragestellungen angeleitet und korrigiert werden: „Hast du jetzt nicht einen Arbeitsschritt vergessen?" Kommt der Auszubildende selbst drauf, wird es besser und mit positiverer Einstellung in seinem Gedächtnis bewahrt, als wenn dem Auszubildenden der Fehler direkt genannt wird.

Nach ausgeführter Tätigkeit sollen die Auszubildenden nach Möglichkeit gelobt und damit motiviert werden.

4. Stufe – Üben

Weitere Übungsstücke oder -beispiele sollten für die Auszubildenden vorbereitet sein. Jetzt sollten die Auszubildenden nicht wie in der Stufe 3 genau dieselbe Arbeit wie der Ausbilder machen, sondern an weiteren ähnlichen Arbeitsstücken arbeiten. Die Auszubildenden werden mit ihrer in dieser Stufe durchzuführenden selbstständigen Arbeit alleine gelassen mit der Ansage, bei Problemen für sie bereit zu sein und anschließend gemeinsam die durchgeführte Arbeit zu beurteilen.

So wird es dann auch ablaufen: Jeder Auszubildende sollte seine eigene Arbeit begutachten und besprechen. Der Ausbilder gibt seinen Kommentar zum Arbeitsergebnis ab, lobt nach Möglichkeit und kritisiert konstruktiv.

Gemeinsam werden die wichtigsten Punkte nochmals zusammengefasst. Erkennbare Wissenslücken werden geschlossen.

Die Auszubildenden werden aufgefordert, das neu Erlernte in den **Ausbildungsnachweis** einzutragen. Auf die nächste Unterweisung wird hingewiesen. Zur nochmaligen Motivation wird dem Auszubildenden vor Augen geführt, wo das Gelernte in nächster Zeit einzusetzen ist.

Die Auszubildenden werden schließlich verabschiedet und in die Pause oder zurück auf den Arbeitsplatz geschickt.

An dieser Unterweisungsbeschreibung kann sich der angehende Ausbilder orientieren.

Die Vier-Stufen-Methode eignet sich zur Vermittlung von Kenntnissen und Fertigkeiten. Gerade zu Beginn der Ausbildung wie auch beim Erlernen gefährlicher Tätigkeiten ist diese ratsam, da für eine selbstständige Lösungssuche zu wenig Vorwissen besteht bzw. zu hohe Risiken bestehen.

Zur Förderung der gesamten Handlungskompetenz sind allerdings andere Methoden zu wählen, insbesondere die Leitbild- oder die Projektmethode.

3.4.2 *Weitere Unterweisungsmethoden*

3.4.2.1 Die Projektmethode

Unter einem Projekt ist eine komplexe abgeschlossene Aufgabe zu verstehen, die Vorwissen erfordert, innerhalb einer bestimmten Zeit gelöst werden sollte, von einem Projektteam durchgeführt wird und für die in bestimmter Höhe Ressourcen zur Verfügung stehen. Vom Ablauf ist auf das **Konzept vollständiger Handlung** hinzuweisen: Information, Planung, Entscheidung, Durchführung, Kontrolle und Auswertung.

Das Team Auszubildender plant selbst die Vorgehensweise zur Problemlösung. Mehrere Methoden können kombiniert als sogenannter Methoden-Mix angewandt werden. Nach selbstständiger Durchführung wird die Arbeit gemeinsam mit dem Ausbilder beurteilt.

3.4.2.2 Die Leittextmethode

Auch die Leittextmethode setzt auf dem Konzept der vollständigen Handlung auf:

- Information:
  Die Auszubildenden erhalten als Team einen für sie neuartigen Lernauftrag. Um zu wissen, wie sie den Auftrag anpacken sollten, brauchen sie zunächst Kenntnisse. Um zu den Kenntnissen zu gelangen, müssen sie erfahren, aus welchen Quellen sie diese erhalten können. Dabei helfen gezielte Fragen des Ausbilders, sogenannte **Leitfragen**, z.B.:
  - *„Welche elektronischen Medien können zu diesen Themen Informationen enthalten?"*
  - *„Wurde bei uns im Betrieb bereits eine ähnliche Aufgabe durchgeführt? Können wir uns ein Ergebnis daraus ansehen?"*
  - *„Wen könnten wir fragen bezüglich dieses Themas?"*
- Planung:
  Die Auszubildenden erarbeiten selbstständig verschiedene Lösungsansätze.
- Entscheidung:
  Unter Mitwirkung, Beratung und Leitfragen des Ausbilders entscheiden sich die Auszubildenden für eine Lösungsalternative.
- Durchführung:
  Das Team Auszubildender führt selbstständig die ausgewählte Lösungsalternative aus.
- Kontrolle:
  Die Auszubildenden kontrollieren ihre Ergebnisse anhand eines vorgegebenen oder auch selbst erarbeiteten Kontrollbogens, der Kriterien zur Beurteilung der durchgeführten Aufgabe enthält, selbstständig.
- Auswertung:
  Gemeinsam mit dem Ausbilder beurteilen die Auszubildenden ihre getane Arbeit. Was könnte effizienter laufen?

Die Leitfragen, Planungen und durchgeführten Tätigkeiten bis hin zur gemeinsamen Auswertung werden in einem **Leittext** festgehalten.

Bei den Schritten 3 und 6 wirkt der Ausbilder aktiv mit. In den anderen Schritten begleitet er die Auszubildenden, beobachtet sie und greift nur bei Notwendigkeit ein.

3.4.2.3 Der Lernauftrag

Das Unternehmen verteilt an die Auszubildenden Aufträge. Dabei werden betriebliche Aufträge meist in Form von Kundenaufträgen mit dem Wissensstand und den anstehenden Lernzielen der Auszubildenden verglichen. Passen die Kundenaufträge ins Konzept, werden sie an die Auszubildenden erteilt. Schriftliche und visuell unterstützte Arbeitsanweisungen helfen den Auszubildenden bei der Planung und Durchführung.

3.4.2.4 Das Rollenspiel

Besonders Verhaltensweisen beim Zusammentreffen mit Kunden werden über Rollenspiele gelehrt.

Beispiele:

- Wie soll sich der Hotelfachmann bzw. die Hotelfachfrau verhalten, wenn der Übernachtungsgast im Hotel eintrifft?
- Wie soll sich ein Mitarbeiter verhalten, wenn er ein Telefonat seines Betriebs entgegennimmt und eine Telefonnotiz erstellt? Dieses Thema ist gerade für Auszubildende im ersten Lehrjahr bedeutungsvoll. Viel zu oft kommt es vor, dass eine Führungsperson von einer Geschäftsreise zurückkehrt und erfährt, es hätte jemand für sie angerufen, man habe aber den Namen vergessen.

Die Unterweisung mit dem letztgenannten Thema als Rollenspiel sieht wie folgt aus: Die schriftliche Planung beginnt mit dem Deckblatt wie bei der Unterweisung mit der Vier-Stufen-Methode. Es folgt die Ausgangssituation, insbesondere das Ausbildungsjahr und -monat sowie die Vorkenntnisse werden aufgeführt. Im Anschluss werden das Richtlernziel, das Groblernziel und das Feinlernziel erklärt.

Letzteres wird wieder unterteilt in den

* kognitiven,
* affektiven und
* psychomotorischen Lernbereich.

Bis zur Stufe 2 der Vier-Stufen-Methode sind die Unterweisungs-
pläne nach den verschiedenen Methoden zum Großteil gleich.
Unterschiede gibt es insbesondere in der 2. Stufe.

Hier sind für unser Rollenspiel verschiedene Varianten denk-
bar. Beispielsweise könnte die Handlungskompetenz besonders
gefördert werden, indem die Auszubildenden in der Gruppe
selbstständig überlegen, wie sich der Mitarbeiter verhalten
sollte. Anschließend spielt ein Auszubildender diese Rolle entsprechend der gemeinsam erarbeiteten Vorgaben. Allerdings
könnte dieses Rollenspiel zunächst auch in einer Sackgasse
enden: Das Ergebnis fällt unbefriedigend aus, es geht dennoch
einige Zeit verloren.

Für eine Ausbildungs-Unterweisung in der betrieblichen Praxis wäre die beschriebene Vorgehensweise dennoch durchaus
machbar, da in der Ausbildung grundsätzlich die Zeitplanung
großzügig verlaufen sollte. Zeitlicher Druck sollte in der Ausbildung vermieden werden.

Für die Unterweisungsprobe in der AEVO-Prüfung, in der nur
15 Minuten zur Verfügung stehen, kann die oben beschriebene
Vorgehensweise zu viel Zeit in Anspruch nehmen.

Daher wäre bei der AEVO-Prüfung ein Methoden-Mix aus
Rollenspiel und Vier-Stufen-Methode sinnvoll. Insbesondere bei
Gruppen von Auszubildenden oder AdA-Kursteilnehmern eig-
net sich die folgende Vorgehensweise.

Die simulierte Situation wird vom „Ausbilder" dafür genau vorgegeben:

Es wird von der fiktiven Situation ausgegangen, dass ein Mitarbeiter die Stellung im Büro hält, während alle anderen Mitarbeiter außer Haus im Einsatz sind. Das Telefon läutet, ein Kunde
ruft an. Wie soll sich der Mitarbeiter am Telefon melden, wie

sollte er mit dem Kunden sprechen, wie und welche Notizen sollte er sich nun zum Gespräch aufschreiben?

Der Ausbilder erklärt gegebenenfalls einer Gruppe Auszubildender, er spiele zunächst den Mitarbeiter, ein Auszubildender schlüpfe in die Rolle des Kunden. Er wird ihnen nun zeigen, wie sich ein Mitarbeiter in diesem Fall zu verhalten habe. (Stufe 1)

Ein Auszubildender mimt den Kunden und „ruft an".

Der Ausbilder macht das richtige Verhalten vor und erklärt anschließend Schritt für Schritt seine Vorgehensweise (Stufe 2)

Sie tauschen die Rolle und das Spiel beginnt von vorne. Jetzt spielt ein „Auszubildender" den Mitarbeiter, der „Ausbilder" den Kunden. Der Auszubildende macht also die Arbeitsschritte nach, die er gerade gelernt hat. Anschließend wird das Verhalten des Auszubildenden als Angerufener vom Ausbilder kommentiert und falls nötig korrigiert. Alle richtig ausgeführten Schritte werden gelobt. (Stufe 3)

Im Falle einer Gruppe von Teilnehmern/Auszubildenden spielt nun ein weiterer „Auszubildender" (anderenfalls nochmals der „Ausbilder") einen Kunden und ruft an. Den Text und die gespielte Rolle wird vorher zwischen den Auszubildenden unter Beisein und, falls notwendig, Eingreifen des Ausbilders entwickelt.

Der Auszubildende, der bereits den Mitarbeiter am Telefon gespielt hat, nimmt den Anruf entgegen.

Die anderen Auszubildenden, falls vorhanden, betrachten das Rollenspiel und beurteilen es. Gemeinsam mit dem Ausbilder und den vorspielenden Auszubildenden wird das Rollenspiel ausgewertet, notfalls kritisiert, nach Möglichkeit aber gelobt.

Ein anschließendes Gespräch zwischen Ausbilder und Auszubildenden wird nun zeigen, ob von den Auszubildenden alles verstanden wurde. Letzte Lücken müssen geschlossen werden. Bei entsprechendem Erfolg wird ein Lob ausgesprochen. Die Auszubildenden sollen nun das Gelernte in ihren Ausbildungsnachweis eintragen. Auf die nächste Unterweisung wird hingewiesen. Die Auszubildenden werden verabschiedet und wieder zurück auf ihren Arbeitsplatz oder in die Pause geschickt. (Stufe 4)

3.4.2.5 Das Planspiel

Eine praxisnahe Situation wird simuliert, wie sie für einen entsprechenden Betrieb vorkommen kann. Für diese Situation ist eine unternehmerische Entscheidung zu treffen. Diese getroffene Entscheidung hat dabei der Auszubildende oder eine Gruppe von Auszubildenden zu fällen. Sie ist in ein Computerprogramm einzugeben, das diese für die vorgegebene Situation auswertet. Die Situation ändert sich je nach eingegebener Entscheidung. Das Spiel beginnt von vorne. Nach einigen Durchläufen wird das Ergebnis samt getroffenen Entscheidungen beurteilt.

3.4.2.6 Das Lehrgespräch

Vor oder nach einer oder mehreren Unterweisungen setzt sich der Ausbilder mit seinen Auszubildenden zu einem Lehrgespräch zusammen zur Vorbereitung oder Hinführung bzw. zur Nachbereitung und Vertiefung eines Themas.

Dabei lehnen sich sozusagen Ausbilder und Auszubildende in ruhiger Atmosphäre z.B. im Büro zurück und lassen eine Unterweisung nochmals gedanklich Revue passieren. Der Lehrvorgang wird nochmals aufgerollt. Sie besinnen sich der Vorgänge und vergleichen diese mit früher Gelerntem.

Mittels offener Fragen (nicht mit einem Wort, ja oder nein, zu beantworten) und der fragend-entwickelnden Methode werden die Auszubildenden zum aktiven Mitdenken und Mitarbeiten angeregt.

Fachbegriffe und -ausdrücke werden nochmals geübt. Lücken werden geschlossen. Ein Gesamtüberblick wird verschafft, Zusammenhänge werden begriffen.

3.4.2.7 Kurzvortrag und Präsentation

Sollen Informationen innerhalb kürzester Zeit vermittelt werden, kommt die Methode des Kurzvortrags in Betracht. Diese eignet sich für die Einführung in
* ein neues Sachgebiet,
* ein neues Thema oder
* eine neue Aufgabe.

Der Unterschied zwischen Kurzvortrag und Präsentation ist der folgende: Ein Vortrag ist ein „einseitiges Gespräch" des Redners an die Zuhörer. Bei der Präsentation wird zunächst auch ein kurzer Vortrag gehalten. Anschließend kommen aber Fragestellungen und eventuell auch kurze Diskussionen. Eine Präsentation ist durch einen erhöhten Medieneinsatz geprägt.

Die **Präsentation** stellt in der mündlichen Ausbildung-der-Ausbilder-Prüfung eine Alternative zur Unterweisungsprobe dar. Dabei soll der Prüfungsteilnehmer zunächst einen Vortrag darüber halten, wie er seinen Auszubildenden eine bestimmte Ausbildungseinheit vermittelt. Er wählt ein Thema einer möglichen Unterweisung entsprechend dem Ausbildungsrahmenplan aus. Auf die Individualität und Auffassungsgabe der jeweiligen Auszubildenden ist Rücksicht zu nehmen. Jeder Auszubildende ist anders, seine Eignung ist unterschiedlich.

Die Regeln und die nachfolgend beschriebene Vorgehensweise des Vortrags gelten auch für den ersten Teil der Präsentation in der Prüfung. Der Prüfungsteilnehmer sollte begründen, warum er das jeweilige Thema
- auf welche Art und Weise,
- mit welchen Methoden und
- mit welchen Lernschritten

unterweisen würde.

Gerade beim Vortrag ist darauf zu achten, dass die Zuhörer dem Inhalt folgen können und keine Langeweile aufkommt. Bedingung für einen gut ankommenden Vortrag ist eine gute Sprechtechnik:
- nicht nuscheln, deutliche Aussprache, keine Wörter/Silben verschlucken
- nicht überhastet
- vollständige Sätze
- frei formulieren, Skript nur in Stichpunkten
- flüssig und klar
- mittlere Lautstärke
- nicht monoton, abwechslungsreich: Lautstärke, Betonung, Tempo

- Atempausen
- klarer logischer Aufbau, roter Faden muss erkennbar bleiben, u.a. durch Darstellung der Gliederung auf Flipchart
- an das Auffassungsvermögen der Zuhörer anpassen
- auf die Zuhörer ausrichten
- möglichst gut gelaunt, humorvoll
- nicht überheblich, besserwisserisch
- natürlich, Vertrauen erweckend
- Medien einsetzen zur Visualisierung (Flipchart, Folien auf Projektor, Beamer), insbesondere im Rahmen der AEVO-Prüfung
- Blickkontakt zu Zuhörern
- Dauer begrenzen auf maximal 20 Minuten

Dennoch gilt: Die vom Zuhörer aufgenommene Informationsmenge ist immer geringer als die gesendete Informationsmenge (Beispiel Arztbesuch). Der Sender, hier Vortragender, codiert, der Auszubildende decodiert die Information. Er versucht, die Nachricht, hier den Vortrag, zu verstehen. Das Wort muss ankommen.

Ein Vortrag sollte wie folgt gegliedert sein:
A. Einleitung/Einstieg
- *Darstellung des Problems*
- *Sinn und Zweck des Vortrags*
- *in der AEVO-Prüfung Darstellung der Ausgangslage*
- *Gliederung des Vortrags*
B. Hauptteil/Darbietung des Stoffs/Lerninhalts
- *Anknüpfung an bereits bekannte Informationen bzw. Vorkenntnisse der Auszubildenden bei der Ausbildung-der-Ausbilder- oder AdA-Prüfung*
- *Nennung und Beschreibung der einzusetzenden Methode bei der AdA-Prüfung und Begründung für die Auswahl dieser Methode*
- *neue Lerninhalte – möglichst mit Beispielen und Verwendung visueller Medien*
- *Zuhörer durch Fragen aktivieren*

C. Schluss
- *Zusammenfassung der wesentlichen Inhalte*
- *die wichtigsten Aussagen mittels Medien darstellen*
- *Bedeutung des Gelernten*
- *wie passt das präsentierte Thema in den individuellen Ausbildungsplan*
- *Fazit verbunden mit eventueller Aufgabenstellung*

Planung und Durchführung von Vorträgen

Beim Vortrag sollten weitere Anforderungen erfüllt werden:
- Die Aufmerksamkeit der Auszubildenden soll geweckt werden. Es muss klar werden, was neu gelernt werden soll.
- Erstellen eines anschaulichen Bildes vom Ziel:
  Der Vortragende soll die Auszubildenden motivieren: Er stellt die Bedeutung des Neuen heraus. Warum sollen sie etwas lernen?
  Er knüpft an vorhergehende Kenntnisse an, liefert Assoziationen, d.h. Bilder als Verbindung zu dem Neuen. Alle neuen Begriffe werden erklärt und sozusagen visualisiert. Unterschiede, aber auch Gemeinsamkeiten zwischen altem und neuem Wissen werden deutlich gemacht.
- Verfahrensregeln werden vermittelt.
- Praktische Beispiele helfen den Auszubildenden beim Verständnis, aber auch für das Behalten.
- Die Auszubildenden erfahren, welche Aufgaben mit dem neuen Wissen zu lösen sind.
- Auszubildende erfahren, was von ihnen genau erwartet wird, und erhalten klare eindeutige Arbeitsanweisungen.

3.4.2.8 Gruppenarbeit

Auszubildende in Gruppen zusammenzufassen, sie gemeinsam zu unterweisen und sie gemeinsam an Lernaufträgen arbeiten zu lassen, bringt viele Vorteile. Auf diese Weise kann am besten die Sozialkompetenz und ganz besonders die Teamfähigkeit gefördert werden.

In den gemeinsamen Lernaufträgen sollten sie sich gegenseitig ergänzen und bestenfalls Synergieeffekte liefern. Dies bedeutet, zusammen bringen sie mehr, als wenn jeder Einzelne für sich arbeiten würde. Dies lässt sich ausdrücken durch die „unmathematische Formel": 1 + 1 = 3

 Teamarbeit ist wichtig und sollte gefördert werden.

Eine Gruppe darf nur so groß sein, dass bei gemeinsamen Aktionen jeder mit jedem anderen kommuniziert. Ist die Gruppe zu groß, bilden sich Untergruppen. Als ideal werden Gruppen mit drei bis sechs Personen betrachtet. Es ist darauf zu achten, dass in der Gruppe alle mitwirken. Schwächere können von Stärkeren mitgezogen werden. Sie lernen aber nur, wenn sie selbst aktiv sind.

Setzt der Ausbilder die Gruppe zusammen, wird sie als **formal** bezeichnet. Der Vorteil einer formalen oder formellen Gruppe ist, dass sie gezielt gebildet wurde und damit den Vorstellungen des Ausbilders entspricht.

Informelle Gruppen werden von den Mitgliedern selbst auf freiwilliger Basis gegründet. Folglich wollen die Gruppenmitglieder sich auch bemühen, dass die Gruppe erfolgreich arbeitet, um zusammenbleiben zu können.

In Gruppen entstehen immer wieder Spannungen und Konflikte. Diese müssen ausgetragen und gelöst werden, um nachfolgend noch besser zusammenarbeiten zu können.

Bei der **Entstehung von Gruppen** gibt es folgende typische **Phasen**:

- Orientierungsphase: Die Gruppenmitglieder kommen zusammen und lernen sich kennen.
- Konfliktphase: Jeder versucht sich zu behaupten und erkämpft sich eine bestimmte Position innerhalb der Gruppe.
- Kooperationsphase: Irgendwann geben sie sich mit der erreichten Position zufrieden. Jetzt wünschen sie ein langfris-

tiges Bestehen der Gruppe. Die Gruppe verteidigt und behauptet sich nach außen. Die Zusammenarbeit funktioniert.

- Schöpferphase: Immer hochwertigere Aufgaben kommen auf die Gruppe zu.
- Trennungsphase: In den höhergestellten Aufgaben der Schöpferphase treffen sie mit anderen Gruppen zusammen. Einzelne werden abgeworben. Die Gruppe zerfällt. Eine neue Gruppe ist zu bilden.

Dies kann verglichen werden mit der Schaffung einer erfolgreichen Sportmannschaft. Die neuen Spieler müssen sich kennenlernen. Jeder versucht, sich in der Mannschaft auf seiner Lieblingsposition zu behaupten. Klappt es auf der Wunschposition nicht, allerdings auf einer anderen, gibt sich der Spieler mit der neuen Stammposition zufrieden. Die Mannschaft wird erfolgreich und spielt Erfolge ein.

3.4.2.9 Die Moderation

Der Moderator leitet strukturiert Sitzungen oder Diskussionen. Eine der möglichen Aufgaben einer Moderation ist auch das Brainstorming, bei dem alle Teilnehmer ihre Meinung äußern. Alle Meinungen und Gedanken werden aufgenommen, ohne dass zunächst eine Wertung abgegeben wird. Der Moderator selbst gibt seine eigene Meinung nicht preis. Ideal sind bei Auszubildenden etwa sechs bis zwölf Teilnehmer.

Die Moderation eines Brainstormings läuft wie folgt ab:
- Die Raumeinrichtung wird geändert: Die Stühle werden in Halbkreisform platziert.
- Die Teilnehmer stellen sich selbst oder gegenseitig vor: Geeignet sind Partnerinterviews oder die Darstellung der eigenen Person in einem Steckbrief.
- Der Moderator fordert die Teilnehmer auf, ihre Erwartungen per Kartenabfrage zu nennen.
- Ein Thema wird vorgestellt, auf das in der Moderation weiter eingegangen wird, z.B. das Problem Mobbing.

- Per Kartenabfrage werden Gedanken zum Thema gesammelt. Jeder Teilnehmer schreibt dabei seine Ideen jeweils auf eine oder mehrere – ovale oder rechteckige – Karten.
- Diese werden vom Moderator oder einem eventuellen Assistenten vorgelesen und an einer Pinnwand per Pinnnadel befestigt. Zusammenhängende Vorschläge werden untereinander angeordnet. Vorschläge, die neue Punkte ansprechen, werden in eine neue Spalte gesteckt.
- Zu jeder Reihe wird eine Überschrift gesucht. Diese wird auf eine – rechteckige oder ovale (oder „wolkige") – Karte (also die Form, die nicht zur Ideensammlung genutzt wurde) geschrieben und zur jeweiligen Kartenreihe gehängt. Somit werden alle Karten geordnet. Ein Umhängen der Karten ist noch möglich.

- Anschließend folgt eine Punktabfrage der Teilnehmer für die verschiedenen Themen. Jeder Teilnehmer erhält halb so viele Punkte, wie Themen ausgearbeitet sind, und vergibt diese an die von ihm favorisierten Themen.

- Das Thema mit der höchsten Punktzahl wird nachfolgend weiter behandelt. Fortgefahren kann mit einer weiteren Kartenabfrage werden. Die anderen Themen sind zunächst zurückgestellt und können später weiterentwickelt werden.
- Dies wird so lange fortgesetzt, bis sich einzelne Maßnahmen als Ideen zu den einzelnen Problemthemen ergeben.
- Die Maßnahmen werden festgehalten, Verantwortlichkeiten für die einzelnen Maßnahmen werden vergeben und Termine zur Kontrolle der durchgeführten Maßnahmen festgesetzt.
- Anschließend, als Ende jeder Moderationssitzung wie auch zum Abschluss, werden Fotoprotokolle erstellt. Jeder Teilnehmer sollte einen Abzug erhalten. Bei notwendiger Fortsetzung kann darauf wieder aufgesetzt werden.

Die Moderationsmethode gewinnt allgemein im Geschäftsleben an Bedeutung. Daher ist es sinnvoll, wenn bereits die Auszubildenden damit vertraut gemacht werden.

3.4.3 Medieneinsatz

Der Einsatz verschiedener Medien kann die Vermittlung von Lerninhalten unterstützen. Dies beginnt bei Druckmedien wie Fachbüchern und Fachzeitschriften. Eine Grundausstattung von Literatur sollte in Ausbildungsbetrieben vorhanden sein.

Mittels PC und Beamer wie auch mittels Folien auf dem Overhead-Projektor können feststehende Inhalte verdeutlicht werden. PC bzw. DVD-Player und Beamer können auch mittels DVDs Abläufe illustrieren.

Klassische Schultafeln oder White-Boards sind hilfreich, wenn Rechenschritte oder die Entwicklung von Zeichnungen dargestellt werden sollen. Nachteilig ist, dass sie und die erarbeiteten Ergebnisse als Originale meist schlecht mitzunehmen sind. White-Boards, sogenannte Panaboards, können auch elektronisch mit einer Druckvorrichtung ausgestattet sein. Sie bieten darüber hinaus die Möglichkeit, vorgefertigte Materialien zu präsentieren und während der Unterweisung weiter zu bearbeiten. Auf Flipcharts können Übersichten, Zusammenfassungen und Gliederungen aufgezeigt werden.

3.5 Begegnung der Lernschwierigkeiten und Verhaltensauffälligkeiten

3.5.1 Entwicklungsbedingte Lernschwierigkeiten und Verhaltensauffälligkeiten

Die folgenden Gegebenheiten beeinflussen den jungen Auszubildenden.

3.5.1.1 Die Entwicklung des jungen Menschen

Nach dem Kindesalter beginnt die Phase der Pubertät. Sie teilt sich auf in die Vorpubertät im Alter von ca. 11 bis 12 Jahren, die Pubertät (13 bis 18 Jahre) und die Nachpubertät (Adoleszenz im Alter von 18 bis 21 Jahren).

Kennzeichnend ist, dass sich die Jugendlichen körperlich im Wachstum befinden und dafür Energie brauchen. Verminderte Leistungsfähigkeit ist oft auf Wachstumsphasen bei ungleichmäßigem Wachsen zurückzuführen. Psychisch bilden sich Widerstände aus, die notwendig zur Entwicklung einer eigenen Persönlichkeit sind. Der Jugendliche muss Gegenpositionen gegen autoritäre Erscheinungsformen aufbauen.

Die richtige Reaktion des Ausbilders ist abzuwarten, in der Forderung standhaft zu bleiben, Widerstand des Jugendlichen umzuleiten und Kompromisse zu schließen.

Das Hormonsystem stellt sich um (innere Unruhe, Geschlechtstrieb, Regelzyklus). Die jungen Auszubildenden werden stark abgelenkt. Sie verspüren eine gewisse Unsicherheit, wie sie selbst auf das andere Geschlecht wirken.

Folgen aus diesem gesamten Entwicklungsprozess sind Widerspenstigkeit, Uneinsichtigkeit, mangelnde Konzentration und Leichtsinnigkeit. Diese darf der Ausbilder nicht falsch interpretieren, sondern er muss sich bewusst sein, dass sie entwicklungsbedingt sein können.

3.5.1.2 Einflüsse der Umwelt

Betrieb:

Für den Jugendlichen beginnt der Ernst des Lebens, zum ersten Mal wird er mit anderen Generationen auf annähernd gleicher Ebene konfrontiert.

Familie:

Konflikte im Elternhaus wie Streit, Trennung, Scheidung etc. können auf den Auszubildenden einwirken. Arbeitslosigkeit eines Elternteils kann sich demotivierend auswirken. Suchtprobleme eines Familienmitglieds können zu Frustration führen.

Freundeskreis:

Im Zusammenhang mit der Loslösung von den Eltern nimmt der Einfluss des Freundeskreises zu. Jetzt ist es wichtig, die richtigen Freunde zu haben.

Ablenkung durch sonstige Aktivitäten:

Sport, Verein oder Politik lenken den Jugendlichen auf der einen Seite ab. Auf der anderen Seite können sie zur Entfaltung von Sozial- und Individualkompetenz beitragen. Sicherlich besteht im Sport auch eine gewisse Verletzungsgefahr. Doch dies ist ein anderes Problem und trifft jeden Mitarbeiter, der in risikoreichen Sportarten aktiv ist.

! Der Ausbilder sollte versuchen, Vertrauen zu gewinnen. Ein offenes Gespräch kann helfen.

---

§ § 14 BBiG Berufsausbildung
(1) Ausbildende haben
1. dafür zu sorgen, dass den Auszubildenden die berufliche Handlungsfähigkeit vermittelt wird, die zum Erreichen des Ausbildungsziels erforderlich ist, und die Berufsausbildung in

§ einer durch ihren Zweck gebotenen Form planmäßig, zeitlich und sachlich gegliedert so durchzuführen, dass das Ausbildungsziel in der vorgesehenen Ausbildungszeit erreicht werden kann,

...

5. dafür zu sorgen, dass Auszubildende charakterlich gefördert sowie sittlich und körperlich nicht gefährdet werden.

Insbesondere der letzte Satz stellt klar, dass sich der Betrieb und damit auch der Ausbilder darum kümmern muss, dass sich die Auszubildenden richtig entwickeln können. So müssen die Auszubildenden erkennen, dass sie ihrer Arbeitspflicht nachzukommen haben. Dazu gehören auch Pünktlichkeit im allmorgendlichen Erscheinen und Sorgfalt in der Arbeitsdurchführung.

3.5.2 Sicherung des Lernerfolgs

Die Auszubildenden bringen unterschiedliche schulische Voraussetzungen mit. Diese und individuelle Lernerfahrungen stellen Basisfaktoren für den Lernerfolg dar. Erfolgreiches Lernen bedarf außerdem einer hohen **Motivation**. Die Lernmotivation hängt von den Erwartungen ab, die die Auszubildenden mit dem Lernen verbinden. Das Thema wurde in Abschnitt 3.1.2 schon angesprochen und wird nun noch vertieft.

Erwarten die Auszubildenden interessante neue Tätigkeiten und glauben sie, dass sie diese Lerninhalte begreifen und umsetzen können werden, sind sie motiviert. Erfolgserlebnisse beim Lernen motivieren. Motivation wiederum steigert die Wahrscheinlichkeit für den Erfolg. Folglich sollten die Ausbilder dafür sorgen, dass die Auszubildenden bei ihrer Arbeit Erfolgserlebnisse verspüren.

Voraussetzungen für den Erfolg beim Angehen eines Lernauftrags sind
• vorhandenes Wissen, auf das aufgebaut werden kann, und
• Motivation/Bereitschaft, nach neuen Lösungen zu suchen.

Die Motivation der Auszubildenden ist abhängig von den Erwartungen des Auszubildenden und deren Erfüllung. Ein bewährtes Mittel dazu sind Lernaufträge, die die Auszubildenden **weder über- noch unterfordern**. Eine gewisse Anforderung muss gegeben sein, damit die Arbeit als interessant betrachtet wird.

Es gibt grundsätzlich zwei Arten von Motivation:

- Unter **extrinsischer Motivation** ist die Motivation zu verstehen, die auf die Folgen einer positiven Arbeitsausführung gestützt ist. Dazu zählen Anerkennung, Aufstieg oder finanzielle Vorteile.
- Bei der **intrinsischen Motivation** kommt der Anreiz aus der Sache oder Tätigkeit selbst. Die Sache selbst oder die Aufgabe selbst wird als interessant beurteilt. Der Auszubildende möchte diese Tätigkeit beherrschen.

Nach sichtbarem Begreifen alter Lernziele (Motivation!) kann an diese alten Lerninhalte angeknüpft werden. Neue Lernziele können angepeilt werden.

Erfolge der Vergangenheit führen bei den Auszubildenden dazu, dass sie bei den nächsten Lernzielen wieder Erfolg erwarten. Folglich sind sie motiviert.

Dagegen: Erwarten die Auszubildenden Misserfolg und sogar Blamage, bestehen wenig Chancen auf Erfolg. Eine negative Einstellung zur Arbeit mindert die Chance auf einen erfolgreichen Arbeitsverlauf.

Das lässt sich im Sport veranschaulichen. Warum verlieren Spitzenclubs der Fußballbundesliga gegen zweit- oder drittklassige Mannschaften im DFB-Pokal? Wenn sie gewinnen, hält es jedermann für normal, wenn sie aber verlieren, ist es eine Katastrophe und Riesenblamage. Sie gehen mit der Einstellung ins Spiel, sich nur blamieren zu können. Folglich spielen sie oft verkrampft und verlieren. Haben sie dagegen zurzeit einen Run in der Bundesliga, sind sie voller Selbstvertrauen und putzen die niedriger klassigen Vereine im Pokal weg. Angst bringt weder Fußballprofis noch Auszubildende weiter. Selbstvertrauen und eine positive Einstellung zur nächsten Aufgabe verhelfen zum Erfolg.

Deshalb sollte systematisch auf den Lernerfolg hingearbeitet werden. Gerade bei schwächeren Auszubildenden ist ein Erfolgserlebnis wichtig.

Erfolgreiches Lernen hat drei **Voraussetzungen**:
1. Der Auszubildende verfügt über notwendige Kompetenzen.
2. Der Auszubildende weiß, woran der Erfolg sichtbar ist, wann das Ziel also erreicht ist (Erfolgskriterien bekannt).
   Die Selbstkontrolle hat große Bedeutung!!
3. Der Auszubildende erhält ausreichend Zeit zur Zielerreichung.

Dazu kann wieder auf das **Modell der vollständigen Handlung** zurückgegriffen werden:

Information: Die Auszubildenden müssen sich nach Informationsquellen umsehen. Dies können Fachbücher, erfahrene Mitarbeiter des Betriebs oder auch das Internet sein. Daraus sind die Kenntnisse zu gewinnen.

Der Ausbilder überprüft bei der Auswertung der Informationsphase, ob die Auszubildenden über alle notwendigen Kenntnisse zur Lösung einer Aufgabe verfügen. Bei schwächeren Auszubildenden ist ein Nachhelfen des Ausbilders notwendig.

Planung: Der Auszubildende soll die Arbeitsschritte überschauen und voraussehen können. Er soll sich überlegen, wie eine Problemstellung zu lösen ist. Das Ergebnis sind verschiedene Lösungsmöglichkeiten. Bei schwächeren Auszubildenden müssen dementsprechend Aufgaben in Teilaufgaben, Ziele in Teilziele zerlegt werden.

Folge: Ziele erscheinen erreichbar. Der Auszubildende hat Aussicht auf Erfolgserlebnisse. Daraus entsteht steigendes Vertrauen in die eigenen Fähigkeiten.

Entscheidung: Der Auszubildende hat eine der Lösungsalternativen auszuwählen. Hat er sich für eine Lösung entschieden, wird diese Lösung mit dem Ausbilder besprochen und entschieden, ob es dabei bleiben soll. Der Schwächere braucht dabei etwas mehr Anleitung.

Durchführung: Die Auszubildenden haben die für richtig befundene Lösung durchzuführen. Schwächere Auszubildende sollten zum zügigen Arbeiten angehalten werden, ohne Stress zu erzeugen. Ausbilder müssen öfter und früher ihre Hilfe anbieten.

Kontrollieren: Die Auszubildenden haben ihre Arbeit selbst zu kontrollieren. Sie brauchen dafür Kriterien, mit denen sie ihr Ergebnis vergleichen können.

Folge: Sind die Kriterien erfüllt, erleben die Auszubildenden ein Erfolgserlebnis. Sie sind für weitere Aufgaben motiviert und trauen sich diese zu.

Auswerten: Der Ausbilder bespricht mit den Auszubildenden die durchgeführte Arbeit. Die Vorgehensweise wird gemeinsam beurteilt. Fällt die Beurteilung positiv aus, wird der Auszubildende motiviert für neue Problemstellungen.

3.5.2.1 Auf Lernschwierigkeiten reagieren

Schwächere Auszubildende müssen besonders **gefördert** werden. Sie haben Lernlücken, das heißt ein unvollständig geknüpftes Netzwerk des Wissens.

Lernlücken können zum einen bezüglich der Beziehungen der Begriffe zueinander, andererseits bezüglich der aus den Begriffen abzuleitenden Tätigkeiten bestehen. Entscheidend ist, dass der Ausbilder die Lernlücke findet.

Voraussetzung zur Lernförderung ist, dass genügend Zeit zur Verfügung steht.

Möglichkeiten zur Erkennung und Schließung von Lernlücken:

- Lernerfolgskontrollen
- Individuelle Förderung

Eine weitere wichtige Maßnahme bei Problemen kann die **Ausbildungszeitverlängerung** darstellen. Nach § 8 (2) BBiG muss der Antrag hierzu von den Auszubildenden gestellt werden.

> **§ 8 BBiG Abkürzung und Verlängerung der Ausbildungszeit**
> (1) Auf gemeinsamen Antrag der Auszubildenden und Ausbildenden hat die zuständige Stelle die Ausbildungszeit zu kürzen, wenn zu erwarten ist, dass das Ausbildungsziel in der gekürzten Zeit erreicht wird. Bei berechtigtem Interesse kann sich der Antrag auch auf die Verkürzung der täglichen oder wöchentlichen Ausbildungszeit richten (Teilzeitberufsausbildung).
> (2) In Ausnahmefällen kann die zuständige Stelle auf Antrag Auszubildender die Ausbildungszeit verlängern, wenn die Verlängerung erforderlich ist, um das Ausbildungsziel zu erreichen. Vor der Entscheidung nach Satz 1 sind die Ausbildenden zu hören.
> (3) Für die Entscheidung über die Verkürzung oder Verlängerung der Ausbildungszeit kann der Hauptausschuss des Bundesinstituts für Berufsbildung Richtlinien erlassen.

3.5.2.2 Auf Verhaltensauffälligkeiten reagieren

Die individuelle Situation der Auszubildenden ist zu beachten. Eine Verhaltensauffälligkeit ist der häufig unvermögende Versuch des Auszubildenden, sich selbst als erfolgreich zu erleben. Wenn der Auszubildende merkt, dass er in bestimmten Situationen wenig Geschick zeigt, möchte er durch sein Verhalten zeigen, dass diese Aufgaben für ihn unbedeutend sind. Er wird Blödsinn treiben, den Clown spielen oder sich anderweitig aufspielen. Auf keinen Fall möchte er den Verdacht aufkommen lassen, dass es ihm etwas ausmacht, dass er in einer Sache leistungsschwach ist. Dies ist ein möglicher Grund für das Fehlverhalten der Auszubildenden.

Es gibt die verschiedensten Ausprägungen von Verhaltensauffälligkeiten:

Lügen: Als Maßnahme wird empfohlen: Unter vier Augen mit dem Auszubildenden sprechen und ihm sein falsches Verhalten klarlegen.

Faulheit:	Die Ursache sollte erforscht werden: Es könnte auch eine Krankheit dahinter stecken.
Störungen:	Sie sind für den jungen Mitarbeiter Mittel zur Erregung von Aufmerksamkeit. Gründe können in einer Über- oder Unterforderung gefunden werden. Welche Verhaltensauffälligkeiten sollte der Ausbilder ignorieren? Liegt nur Unaufmerksamkeit vor, braucht der Ausbilder nicht sofort einzugreifen. Wann muss der Ausbilder reagieren? Spätestens wenn andere Auszubildende gestört werden.
Kriminalität:	Auch über einen kleinen Schwindel darf nicht hinweggegangen werden.

! Grundsätzlich sollte jede direkte Konfrontation als Ausbilder vermieden werden! Den Auszubildenden muss klar gemacht werden, dass keinerlei derartiges Fehlverhalten geduldet wird.

3.5.2.3 Weitere typische Problemsituationen als Ursachen für Fehlverhalten und Lernschwierigkeiten

Sexualität beschäftigt die jungen Menschen oft stark. Je nach Alter ist der sexuelle Trieb zunächst noch relativ fremd und neu für sie. Voreheliche Beziehungen werden jedoch zunehmend früher eingegangen. Bei den Auszubildenden besteht Angst vor sexuellem Versagen.

Im Gegenzug dauert es aufgrund allgemein höherer Schulbildung länger, bis der Berufsanfänger finanziell unabhängig wird. All dies kann zu einer gewissen Verhaltensunsicherheit führen.

Suchtprobleme hinsichtlich legaler und illegaler Drogen treten immer häufiger auf. Legale Drogen sind:
- Alkohol
- Nikotin
- Medikamente

Illegale Drogen sind zum Beispiel:

- LSD
- Heroin
- Marihuana
- Kokain
- Crystal Speed

Sie stellen eine ernste Gefahr dar für die Zukunft des jungen Menschen.

Es ist zu unterscheiden, ob der Auszubildende ausnahmsweise einmal zu viel getrunken hat oder ob er Alkoholiker, also suchtkrank ist. Hier sollte nachgeforscht werden. Dazu können Kollegen gefragt werden, ob ihnen diesbezüglich etwas aufgefallen ist. Der Auszubildende muss eine Zeitlang beobachtet werden.

Anzeichen für Alkoholkrankheit:

- gehäufte und zunehmende Fehler
- schlechte Leistungen
- zitternde Hände
- rote Augen
- Veränderung der Persönlichkeit

Festigt sich der Verdacht, wird der Auszubildende darauf angesprochen. Dabei soll die Bereitschaft, ihm zu helfen, gezeigt werden.

Bei übermäßigem Alkoholkonsum muss immer sofort reagiert werden. Der junge Mitarbeiter wird unter Begleitung nach Hause geschickt. Es wird ihm angekündigt, bei Wiederholung mit disziplinarischen Konsequenzen rechnen zu müssen. Der Auszubildende sollte über Beratungsstellen informiert werden.

Folgende Vorgehensweise hat sich bereits in vielen Betrieben verankert: Mit dem Betriebsrat wird gemeinsam gegen die Suchtkrankheiten vorgegangen. Alkoholkranken Mitarbeitern wird nahegelegt, ein Hilfsangebot anzunehmen, anderenfalls Konsequenzen tragen zu müssen.

3.6 Besondere Förderung durch Zusatzqualifikationen, Verkürzung der Ausbildungsdauer und vorzeitige Zulassung zur Abschlussprüfung

Besondere Talente sollten gefördert werden. Dies kann in Form von zusätzlichen Qualifikationen realisiert werden. Zu den Zusatzqualifikationen zählen bestimmte Schulungen, die vom Beruf abhängen, in dem ausgebildet wird. Im kaufmännischen Bereich können diese beispielsweise in der EDV, in Fremdsprachen oder in der Buchhaltung liegen.

Die Ausbildungsdauer kann aufgrund bestimmter Vorkenntnisse durch berufliche Erfahrungen oder bestimmte Schulabschlüsse von vorneherein verkürzt werden entsprechend § 8 BBiG. Ausbildende und Auszubildende haben einen gemeinsamen Antrag zu stellen.

Eine Verkürzung während der Ausbildungsdauer nach § 45 BBiG ist auf Antrag des Auszubildenden nach Anhörung der Ausbildenden und der Berufsschule von der Kammer zu gestatten, wenn die Leistungen entsprechend sind.

3.7 Soziale und persönliche Entwicklung von Auszubildenden fördern, Konflikte erkennen und auf deren Lösung hinwirken

Der Jugendliche durchläuft einen Sozialisationsprozess, bei dem er in die Gesellschaft und besonders in das Berufsleben hineinwächst. Hierzu muss er verantwortungsvolles Verhalten und Disziplin lernen.

Er entwickelt sich zur eigenen Persönlichkeit. Dazu können Erziehungsberechtigte wie auch Ausbilder beitragen, indem sie Verhaltensbeschränkungen nicht übertreiben.

Viele Auszubildende akzeptieren Erziehungsmaßnahmen der Ausbilder nur bei deren sachlicher Begründung. Hier kann es zu Konflikten kommen. Dieser Konflikt ist nur durch Aussprache zwischen Ausbilder und Auszubildenden zu lösen. Grundlage von Konfliktlösung ist die Fähigkeit zu verständnisvoller Kommunikation ohne Missverständnisse.

Entsprechend dem Kommunikationsmodell von Schulz von Thun sind bei der Übermittlung von Erziehungsmaßnahmen

- der Ausbilder als Sender und
- die Auszubildenden als Empfänger

zu betrachten. Der Ausbilder codiert die Information, formuliert sie schriftlich oder mündlich, die Auszubildenden decodieren sie, versuchen sie zu verstehen.

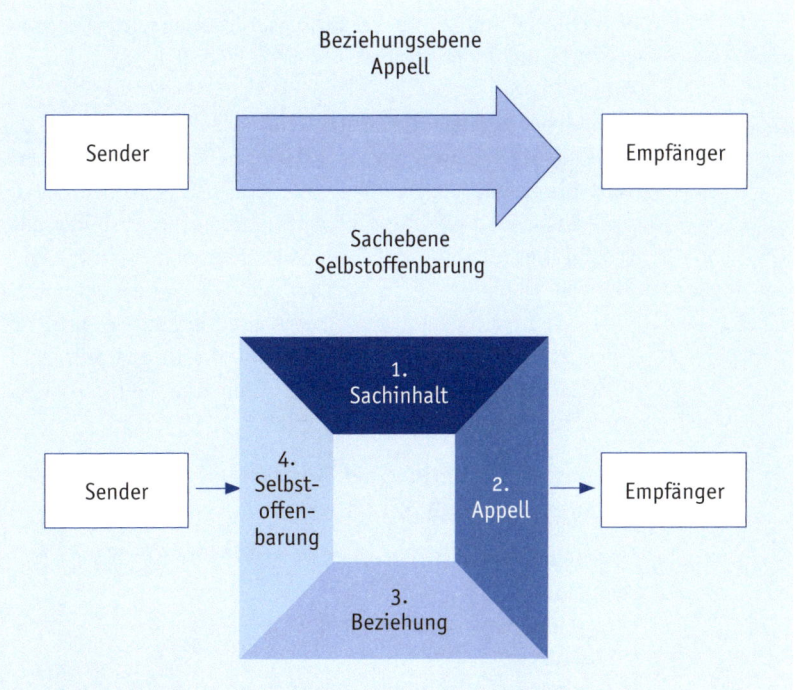

(nach Schulz von Thun)

In der Sachebene stehen die sachlichen Informationen, die vermittelt werden sollen. Die Beziehungsebene drückt die Atmosphäre aus, in der gesprochen wird. Ein Appell ist bei jedem Gespräch dabei: Ein „Guten Morgen" eines Lehrers enthält nicht nur diesen direkt ausgedrückten Wunsch, sondern auch den Aufruf zur Aufmerksamkeit. Der Sprecher kann mit seinem Tonfall seine Gemütslage, seine Müdigkeit oder einen erschöpften Zustand preisgeben, offenbart sich also selbst.

3.8 Leistungen feststellen, bewerten, beurteilen und Beurteilungsgespräche

Über externe und interne Lernerfolgskontrollen wird überprüft, wie der Stand der Kenntnisse und Fertigkeiten der Auszubildenden ist.

Externe Lernerfolgskontrollen sind Prüfungen in der Berufsschule und die Zwischenprüfungen der Kammer. **Interne Kontrollen** sind betriebliche schriftliche Abfragen oder Arbeitsproben wie auch gezielte Beobachtungen durch Ausbilder oder Ausbildungsbeauftragte. Lehrer, Ausbilder und Auszubildende erfahren Defizite, die in der verbleibenden Ausbildungszeit geschlossen werden müssen. Der Ausbildungsstand wird mit dem Kammerdurchschnitt (Kammerdurchschnitt im Ergebnis für jedes Fach angegeben) oder mit dem Klassendurchschnitt verglichen. Überrascht das Ergebnis?

Gemeinsame Auswertung der Zwischenprüfung von Ausbilder und Auszubildendem

Relevante Fragen für Ursachen bei schlechten Prüfungsergebnissen sind:
- Defizite beim Auszubildenden?
- Qualität der Ausbildung?
- Bestimmte Ausbildungsstationen wurden versäumt oder sind zu kurz gekommen?

Planung von geeigneten Maßnahmen

- Werden Defizite in bestimmten Bereichen aufgedeckt, sollen diese in der Folgezeit über individuelle Fördermaßnahmen geschlossen werden.
- Diese Förderungen sind in den individuellen Ausbildungsplan einzubeziehen.

3.8.1 Lernerfolgskontrollen und Tests

Lernerfolgskontrollen sind wichtige Instrumentarien der beruflichen Bildung. Tests und Lernerfolgskontrollen werden einander nachfolgend gegenüber gestellt:

Tests	Lernerfolgskontrollen
Intelligenz-, Persönlichkeits-, Einstellungstests (in ausgeprägter Form im Assessment-Center) u.a.	Erkennen individueller Stärken und Schwächen, Aufdecken möglicher Lücken, Rückmeldung, „Feedback" für den Lernprozess für Ausbilder und Auszubildende, Wissensüberprüfung
Zur deutlichen Differenzierung der Testteilnehmer	Um entsprechend reagieren zu können, um evtl. Änderungen in der Ausbildung vorzunehmen
In Zusammenarbeit mit Psychologen entwickelt	In Betrieben oder in der Berufsschule unter Mitwirkung der Ausbilder erstellt
Momentaufnahme unter Zeitdruck	Zeitpunktkontrolle
Insbesondere Verhaltensweisen, aber auch Fähigkeiten	Kenntnisse, Fertigkeiten
	Möglichst alle Lernziele erfassen
Möglichst Offenlegung der Ergebnisse	Offenlegung der Ergebnisse, Beurteilungsgespräch
	Ausbildungsnachweise, Berichtshefte als Nachweis der Vollständigkeit der Ausbildung, § 14 (1) Nr. 4 BBiG

Worin bestehen die Unterschiede zwischen Beurteilen und Bewerten?

Beurteilen	Bewerten
Einordnen von Persönlichkeitsmerkmalen (Auftreten, Verhalten)	Erfassen von Leistung, Kenntnissen und Fertigkeiten mittels festgelegtem Leistungsmaßstab
Nicht direkt messbare Leistungen z.B. Gründlichkeit, Verlässlichkeit, Sauberkeit, Sorgfalt	Messen z.B. Punktsystem der IHK: u.a. bestanden mit der Note 4 ab 50 Punkte
	z.B. Lernerfolgskontrolle

3.8.2   Beurteilung und Beurteilungsgespräche

Beurteilungen und Beurteilungsgespräche sind als Rückmeldung für Lernprozesse von großer Bedeutung. Jede darin geäußerte Kritik soll konstruktiv und motivierend sein.

Beurteilungsgespräche bedeuten in diesem Zusammenhang eine persönliche Rückmeldung der Ausbilder an die Auszubildenden. Diese Gespräche eignen sich, wenn ein Ausbildungsabschnitt abgeschlossen ist, bei Versetzungen in einen anderen Betriebsbereich oder in eine andere Abteilung sowie als Halbjahresgespräch. Ebenso sind sie notwendig bei Problemen, zur Motivation und als Grundlagen zur Planung besonderer Fördermaßnahmen.

Dem Beurteilungsgespräch geht die Beurteilung zuvor. Der Auszubildende wird mit Hilfe eines **Beurteilungsbogens**, auf dem die zu beurteilenden Kriterien stehen, gezielt und systematisch beobachtet. Beurteilt werden Leistungen und Verhalten des Auszubildenden. Ein Beurteilungsbogen kann nach Schulnoten oder Punkten skaliert werden. Die einzelnen Kriterien können gewichtet werden. Die Bewertung multipliziert mit der Gewichtung wird für die einzelnen Kriterien durchgeführt. Aus diesen Ergebnissen wird ein Durchschnittswert ermittelt. Eine Beurteilung kann aber auch frei verbal formuliert werden. Bezüglich des

Beurteilungssystems verfügt der Betriebsrat gemäß § 94 (2) BetrVG über ein Zustimmungsrecht.

Als mögliche **Fehler bei der Beurteilung** sind zu nennen:
- Vorurteile, Sympathien oder Antipathien
- Der Halo- oder Hofeffekt, bei dem eine Beobachtung oder ein Eindruck alle anderen Wahrnehmungen überdeckt
- Der Auszubildende wird nur im Vergleich der anderen Auszubildenden gesehen, kommt also zu gut weg, wenn alle Auszubildenden ziemlich schwach und er selbst nur mittelmäßig ist.
- Soziale Stereotypen: dass ein gewisses Erscheinungsbild die Meinung des Ausbilders zu stark beeinflusst, ein Langhaariger beispielsweise als unordentlich eingeschätzt wird

Nach der Beurteilung folgt das Beurteilungsgespräch.

Grundregeln für das Beurteilungsgespräch
- Das Beurteilungsgespräch ist dem Auszubildenden frühzeitig, etwa zwei bis drei Tage vorher, anzukündigen, um ihm die Möglichkeit zur Vorbereitung zu geben. Die Kriterien sollten dem Auszubildenden genannt werden.
- Ein ruhiger Besprechungsraum ist zu reservieren. Das Gespräch sollte nicht unterbrochen oder gestört werden.
- Nach der Begrüßung und einem kurzen Small Talk kommt der Ausbilder zum Thema.
- Das Gespräch sollte mit der Anerkennung positiver Leistungen beginnen und Lob zur Motivation beinhalten.
- Anschließend werden die negativen Punkte angesprochen. Persönliche Kritik erfolgt immer nur unter vier Augen. Die Kritik sollte sachlich, problemorientiert und konstruktiv erfolgen, niemals herabsetzend.
- Der Auszubildende sollte die Möglichkeit zur eigenen Darstellung erhalten.
- Am Ende des Gesprächs werden Zielvereinbarungen getroffen und geeignete Maßnahmen festgelegt.

• Auf besondere Interessen und Neigungen der Auszubildenden und deren möglicher Förderung wird eingegangen.

3.9 Interkulturelle Kompetenzen fördern

Bei ausländischen Auszubildenden sollten kulturelle Unterschiede berücksichtigt werden.

Sie sollten bei der Integration unterstützt werden. Um sprach-
liche Defizite zu überwinden, werden Sprachkurse gesucht und
den Auszubildenden angeboten.

Sie sollten sich nicht isolieren. Zu diesem Zweck werden
Arbeitsgruppen mit deutschsprachigen Auszubildenden gebildet.

Kulturell bedingte Verhaltensweisen sollten durch die Ausbilder akzeptiert werden. Auch andere Auszubildende werden
zur Akzeptanz anderer kultureller Besonderheiten geführt.
Dazu können Freizeitveranstaltungen mit landestypischen Bei-
trägen organisiert werden.

Die Mitarbeit Auszubildender fremder Kulturen kann genutzt
werden für den Aufbau und die Pflege von Beziehungen zu Kunden aus anderen Ländern.

Ziel: Förderung von interkultureller Kompetenz von Anfang an.

3.10 Mit externen Stellen kooperieren

Übersteigen Lernschwierigkeiten und Verhaltensauffälligkeiten
Kompetenz und Einflussmöglichkeit der Ausbilder, bietet sich
die Zusammenarbeit mit geeigneten Beratungsstellen an.

Erste Anlaufstelle kann immer die Ausbildungsberatung der
Kammer sein.

Geeignete weitere Beratungsstellen sind
• psychosoziale Beratungsstellen oder
• das Amt für Jugend und Familie.

4 Ausbildung abschließen

- Vorbereitung auf die Abschluss- und Gesellenprüfung
- Anmeldung zur Prüfung, Zulassungsvoraussetzungen und sonstige Bedingungen
- Erstellen eines schriftlichen Zeugnisses
- Information und Beratung Auszubildender bezüglich Weiterbildung

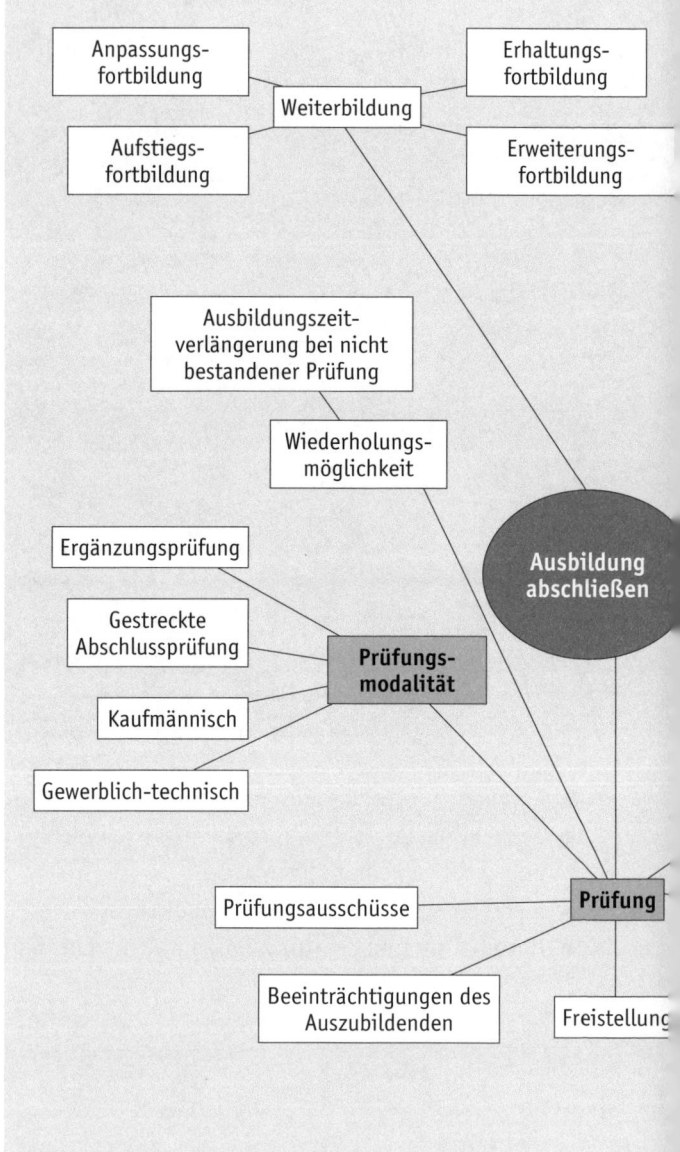

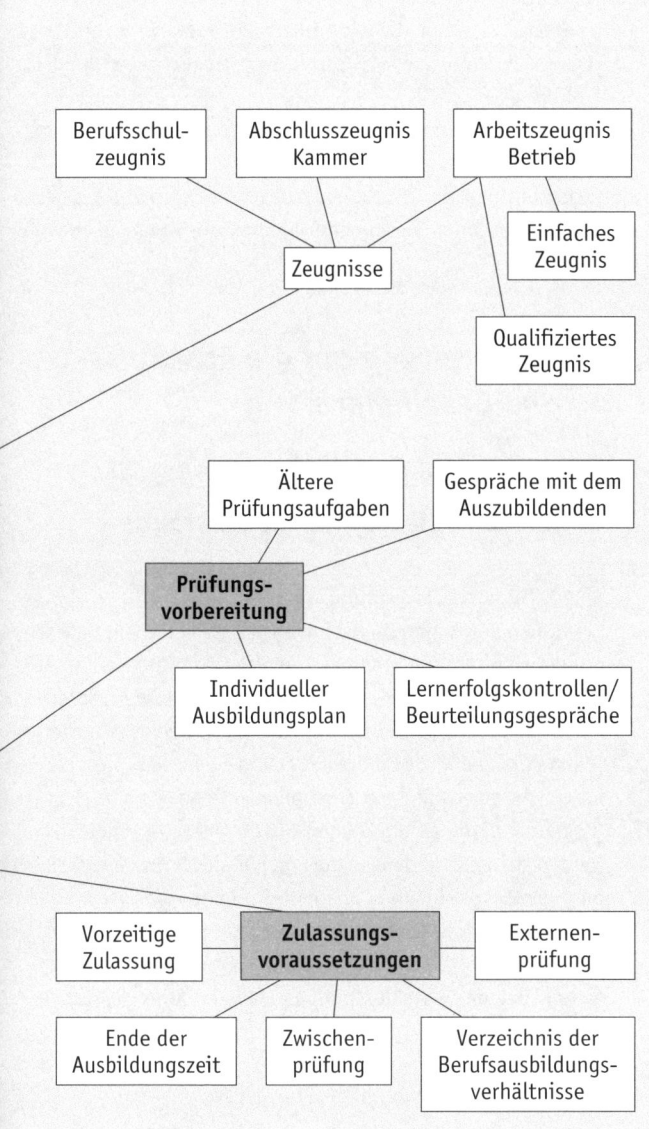

Hinsichtlich der Abschlussprüfung hat der Ausbildende folgende Pflichten:

- den Auszubildenden die Handlungskompetenz vermitteln, die zu einer erfolgreichen Abschlussprüfung führt § 14 (1) Nr.1 BBiG
- die Auszubildenden zur Abschlussprüfung rechtzeitig anmelden und die Prüfungsgebühren bezahlen
- den Auszubildenden am Ende der Ausbildung wie auch beim sonstigen Ausscheiden aus dem Betrieb ein Zeugnis ausstellen, § 16 BBiG

4.1 Vorbereitung auf die Abschluss- und Gesellenprüfung

4.1.1 Prüfungsanforderungen – Prüfungsformen und Prüfungsgegenstände

§ 37 BBiG Abschlussprüfung

(1) In den anerkannten Ausbildungsberufen sind Abschlussprüfungen durchzuführen. Die Abschlussprüfung kann im Falle des Nichtbestehens zweimal wiederholt werden. Sofern die Abschlussprüfung in zwei zeitlich auseinander fallenden Teilen durchgeführt wird, ist der erste Teil der Abschlussprüfung nicht eigenständig wiederholbar.

(2) Dem Prüfling ist ein Zeugnis auszustellen. Ausbildenden werden auf deren Verlangen die Ergebnisse der Abschlussprüfung der Auszubildenden übermittelt. Sofern die Abschlussprüfung in zwei zeitlich auseinander fallenden Teilen durchgeführt wird, ist das Ergebnis der Prüfungsleistungen im ersten Teil der Abschlussprüfung dem Prüfling schriftlich mitzuteilen.

§ **(3)** Dem Zeugnis ist auf Antrag der Auszubildenden eine englischsprachige und eine französischsprachige Übersetzung beizufügen. Auf Antrag der Auszubildenden kann das Ergebnis berufsschulischer Leistungsfeststellungen auf dem Zeugnis ausgewiesen werden.
(4) Die Abschlussprüfung ist für Auszubildende gebührenfrei.

Die Ausbildung in einem anerkannten Ausbildungsberuf schließt üblicherweise mit der Abschlussprüfung ab. Der Betrieb, die Berufsschule und die Kammer stellen jeweils ein Zeugnis aus.

§ **§ 5 BBiG Ausbildungsordnung**
(1) Die Ausbildungsordnung hat festzulegen
5. die Prüfungsanforderungen.

Die Prüfungen sollten **handlungsorientiert** sein. Innerhalb eines realitätsnahen Bezugs sollten die Prüfungsfragen gestellt werden.

Bei **gewerblich-technischen Berufen** sollten
- eine Fertigkeitsprüfung und
- eine Kenntnisprüfung
erfolgen.

Die Fertigkeitsprüfung sollte aus
- einem Prüfungsstück oder
- einer Arbeitsprobe
bestehen.

Die Kenntnisprüfung wird mittels einer schriftlichen Prüfung durchgeführt. Wenn das Bestehen noch nicht geklärt ist, findet eine sogenannte mündliche Ergänzungsprüfung statt.

Die Ausbildung **kaufmännischer Ausbildungsberufe** wird ebenfalls durch

- eine Fertigkeitsprüfung und
- eine Kenntnisprüfung

abgeschlossen.

Die Fertigkeitsprüfung findet als **Prüfungsgespräch**, etwa als Kundenberatungsgespräch, statt.

Zu einer mündlichen Ergänzungsprüfung kommt es, wenn in der schriftlichen Prüfung in bis zu zwei Fächern eine Fünf vorkommt. In einem dieser beiden Fächer wird eine mündliche Ergänzungsprüfung durchgeführt.

Die **gestreckte Abschlussprüfung** deckt im ersten Teil, der bisherigen Zwischenprüfung, die beruflichen Grundqualifikationen ab. Das Ergebnis von Teil 1 fließt zu 20 bis 40 % in die Gesamtnote mit ein. Die Teilnahme ist zwingend. Sie kann nicht eigenständig wiederholt werden. Bisher gibt es die gestreckte Abschlussprüfung für

- Metallberufe,
- Elektroberufe,
- Konstruktionsberufe,
- Fahrzeugtechnische Berufe,
- Labor- und Produktionsberufe Chemie/Pharmazie und
- verschiedene kaufmännische Berufe.

Für alle anderen Berufe ist die Teilnahme an der **klassischen Zwischenprüfung** Voraussetzung für die Zulassung zur Abschlussprüfung.

Bei den **gewerblich-technischen Berufen** hat das **Prüfungsfach Technologie** das doppelte Gewicht jedes der übrigen Fächer. Das Fach Technologie muss mindestens mit Vier abgeschlossen werden.

In **kaufmännischen Abschlussprüfungen** wird das **berufsspezifisch wichtigste Fach** doppelt gewichtet. Hier ist in den praktischen Übungen mindestens die Note „ausreichend" zu erreichen.

4.1.2 Zusammensetzung und Aufgaben von Prüfungsausschüssen

Die **Prüfungsausschüsse** nehmen die mündliche Prüfung wie auch die mündliche Ergänzungsprüfung ab und korrigieren und bewerten die schriftlichen Prüfungen.

Der **Berufsbildungsausschuss der Kammern** legt die **Prüfungsordnung** fest. Er schlägt die Mitglieder des Prüfungsausschusses vor.

Der Prüfungsausschuss setzt sich aus Berufsschullehrern, Vertretern von Arbeitnehmern und Vertretern von Arbeitgebern zusammen. Die Anzahl der Arbeitgeber- und Arbeitnehmerbeauftragten muss gleich sein und in der Summe mindestens zwei Drittel der Mitglieder des Prüfungsausschusses ausmachen. Der Ausschuss besteht aus mindestens drei Mitgliedern.

Diese Mitglieder müssen objektiv urteilen, pädagogische Fähigkeiten besitzen, über berufliches Wissen und Können verfügen und verantwortungsbewusst handeln. Die Mitarbeit ist ehrenamtlich.

4.1.3 Vorbereitung auf die Prüfung

Die beste Prüfungsvorbereitung ist eine systematisch durchgeführte Ausbildung aufgrund des individuellen Ausbildungsplans. Ein gemeinsamer Check von Ausbildungsnachweis und individuellem Ausbildungsplan ist empfehlenswert. Auszubildende und Ausbilder überprüfen, ob alle geplanten Lerninhalte behandelt worden sind.

Zudem ist es sinnvoll, in regelmäßigen Abständen Lernerfolgskontrollen mit anschließenden Beurteilungsgesprächen durchzuführen. Damit können auftretende Wissenslücken frühzeitig geschlossen werden.

Unmittelbar vor der Prüfung sollten unter Prüfungsbedingungen ältere Prüfungsaufgaben durchgearbeitet und anschließend besprochen werden.

Verschiedene Kammern und Berufsfachverbände bieten Intensivkurse zur Prüfungsvorbereitung an.

Der Ausbilder sollte mit den Prüflingen über die abzulegende Prüfung und deren Ablauf, die Ausbildungsinhalte und die zu verwendenden Werkzeuge sprechen und versuchen, den Auszubildenden ein sicheres Gefühl zu vermitteln. Damit kann einer eventuellen Prüfungsangst entgegengewirkt werden.

Die Materialien und Werkzeuge sind nach § 14 (1) Nr. 3 BBiG den Auszubildenden sowohl für die Prüfungen als auch für die Ausbildung selbst kostenlos zur Verfügung zu stellen. Die Prüfungsstücke gehören in der Regel den Auszubildenden, außer der Materialwert übersteigt den durch den Auszubildenden geschaffenen Wert. Sinnvoll ist eine Einigung vor Ablegen der Prüfung.

4.1.4 *Verlängerung bei nicht bestandener Prüfung*

Besteht der Auszubildende die Abschlussprüfung nicht, wird auf Antrag des Auszubildenden die Ausbildungszeit bis zur nächstmöglichen Abschlussprüfung verlängert, höchstens um ein Jahr.

§ 21 BBiG
(3) Bestehen Auszubildende die Abschlussprüfung nicht, so verlängert sich das Berufsausbildungsverhältnis auf ihr Verlangen bis zur nächstmöglichen Wiederholungsprüfung, höchstens um ein Jahr.

Es müssen nur diejenigen Prüfungsteile wiederholt werden, die nicht bestanden wurden. Bei der gestreckten Abschlussprüfung kann bei nicht bestandenem ersten Prüfungsteil nur die gesamte Prüfung wiederholt werden, nicht der erste Teil allein. Es ist die gesamte Prüfung nochmals abzulegen.

Eine zweite Wiederholung der Abschlussprüfung ist zwar möglich, der Ausbildende braucht den Auszubildenden aber nach der ersten Wiederholungsprüfung nicht weiter zu beschäftigen.

4.2 Anmeldung zur Prüfung, Zulassungsvoraussetzungen und sonstige Bedingungen

4.2.1 Zulassungsvoraussetzungen für die Abschlussprüfung

Die Kammern setzen folgende Bedingungen für die Zulassung der Auszubildenden zur Abschlussprüfung, § 43 BBiG:

- Die Ausbildungzeit muss abgeschlossen sein oder innerhalb von zwei Monaten nach dem Prüfungstermin enden.
- Die Zwischenprüfung muss abgelegt sein.
- Die Ausbildungsnachweise müssen geführt worden sein.
- Die Ausbildung muss in das von der Kammer geführte Berufsausbildungsverzeichnis eingetragen sein bzw. die Ausbildung ist nicht eingetragen und den Auszubildenden und seinen gesetzlichen Vertreter trifft keine Schuld daran. Der Betrieb hat versäumt, den Auszubildenden rechtzeitig anzumelden.

Die Ausbildenden haben die Auszubildenden rechtzeitig zur Prüfung anzumelden. Wird dies versäumt, darf nicht der Auszubildende der Leidtragende sein.

Wer bereits berufstätig ist, aber noch keinen Abschluss hat, kann diesen in einer sogenannten **Externenprüfung** nachholen. Nach § 45 (2) BBiG kann zur Abschlussprüfung zugelassen werden, wer mindestens das Eineinhalbfache der üblichen vorgeschriebenen Ausbildungszeit in dem zu erlernenden Beruf tätig gewesen oder in einem ähnlichen Ausbildungsberuf ausgebildet worden ist. Für die Zulassung zählen die Ausbildungszeit und die Berufstätigkeit in diesem anderen Beruf zusammen. Auch ein anderer Nachweis, sich die entsprechenden notwendigen Kenntnisse und Fertigkeiten erworben zu haben, reicht für eine Zulassung aus.

Die Entscheidung über die Zulassung trifft die zuständige Stelle. Lehnt diese ab, kann der Prüfungsausschuss über die Zulassung bestimmen.

> **§ 46 BBiG Entscheidung über die Zulassung**
>
> (1) Über die Zulassung zur Abschlussprüfung entscheidet die zuständige Stelle. Hält sie die Zulassungsvoraussetzungen nicht für gegeben, so entscheidet der Prüfungsausschuss.
>
> (2) Auszubildenden, die Elternzeit in Anspruch genommen haben, darf bei der Entscheidung über die Zulassung hieraus kein Nachteil erwachsen.

4.2.2 Berücksichtigung von Beeinträchtigungen des Auszubildenden

Liegt bei den Auszubildenden eine Beeinträchtigung in Form einer Behinderung oder einer sonstigen körperlichen Benachteiligung vor, ist dies der Kammer rechtzeitig mitzuteilen. In der Prüfung wird auf derartige Schwächen beispielsweise in Form einer Unterstützung, der Erlaubnis zum Mitbringen einer Hilfsperson oder einer Verlängerung der Prüfungszeit eingegangen.

> **§ 65 BBiG Berufsausbildung in anerkannten Ausbildungsberufen**
>
> (1) Regelungen nach den §§ 9 und 47 sollen die besonderen Verhältnisse behinderter Menschen berücksichtigen. Dies gilt insbesondere für die zeitliche und sachliche Gliederung der Ausbildung, die Dauer von Prüfungszeiten, die Zulassung von Hilfsmitteln und die Inanspruchnahme von Hilfeleistungen Dritter wie Gebärdensprachdolmetscher für hörbehinderte Menschen.

Derartige Benachteiligungen können auch eine Rechtschreib- oder Leseschwäche, die sogenannte Legasthenie sein. Auszubildende sollten sich bei diesbezüglichen Auffälligkeiten vom Arzt untersuchen lassen und bei Vorliegen eine Bescheinigung ausstellen lassen.

4.2.3   Bedingungen für die vorzeitige Prüfungszulassung

Eine vorzeitige Zulassung zur Abschlussprüfung ist gemäß § 45 (1) BBiG möglich, wenn die Auszubildenden besonders gute Leistungen in der Schule wie im Betrieb vorweisen können und eine vorzeitige Zulassung beantragen. Der Antrag muss mindestens ein halbes Jahr vor der Prüfung gestellt werden. Ausbildende und Berufsschule sind dazu anzuhören.

4.2.4   Freistellung der Auszubildenden

Auszubildende sind für den Tag der Prüfung, auch für Wiederholungsprüfungen, vom Betrieb freizustellen, Jugendliche auch am Tag vor der schriftlichen Prüfung, § 15 BBiG, § 10 JArbSchG.

> **§ 15 BBiG Freistellung**
> Ausbildende haben Auszubildende für die Teilnahme am Berufsschulunterricht und an Prüfungen freizustellen. Das Gleiche gilt, wenn Ausbildungsmaßnahmen außerhalb der Ausbildungsstätte durchzuführen sind.

> **§ 10 JArbSchG Prüfungen und außerbetriebliche Ausbildungsmaßnahmen**
> (1) Der Arbeitgeber hat den Jugendlichen
> 1. für die Teilnahme an Prüfungen und Ausbildungsmaßnahmen, die auf Grund öffentlich-rechtlicher oder vertraglicher Bestimmungen außerhalb der Ausbildungsstätte durchzuführen sind,
> 2. an dem Arbeitstag, der der schriftlichen Abschlußprüfung unmittelbar vorangeht,
> freizustellen.

Bei der gestreckten Abschlussprüfung gelten diese Freistellungsregelungen für jeden Prüfungsteil.

Finden die schriftlichen Prüfungen nicht an mehreren Tagen hintereinander, sondern mit Abständen statt, ist bei Jugendlichen der Tag vor jedem Prüfungstag freizustellen.

4.2.5 Wiederholungsmöglichkeiten der Prüfung

Die Abschlussprüfung kann nach § 37 (1) BBiG bis zu zweimal wiederholt werden.

Bei der gestreckten Abschlussprüfung ist es nicht möglich, nur den ersten Teil zu wiederholen.

Wenn der erste Teil schlecht gelaufen ist, kann er mit dem zweiten ausgeglichen werden. Er kann nur wiederholt werden, wenn beide Teile miteinander zum Bestehen der Prüfung nicht ausgereicht haben. Dann werden beide Teile wiederholt.

Ist der erste Teil gut gelaufen, aber der zweite schlecht, so dass die Prüfung insgesamt nicht bestanden wurde, dann kann der zweite Teil alleine wiederholt werden. Es können aber auch beide Prüfungsteile nochmals abgelegt werden.

4.3 Erstellen eines schriftlichen Zeugnisses

Die Auszubildenden erhalten nach erfolgreichem Abschluss drei Zeugnisse:
- Die Berufsschule stellt ein Zeugnis aus.
- Die Kammer verleiht ein Zeugnis bezüglich der Abschlussprüfung, § 37 (2) BBiG.
- Der Betrieb vergibt bei Beendigung der Ausbildung nach bestandener Abschlussprüfung oder auch bei Ausbildungsabbruch ein Zeugnis, § 16 (1) BBiG. Dieses Zeugnis kann als einfaches Zeugnis oder auf Verlangen des Auszubildenden als qualifiziertes Zeugnis gemäß § 16 (2) BBiG ausgestellt werden. Im einfachen Zeugnis werden der ausgebildete Beruf, die Lernstationen und die gesamte Ausbildungszeit sowie Fertigkeiten, Kenntnisse und Fähigkeiten genannt. Das qualifizierte Zeugnis geht auf die Leistungen und das Verhalten der

Auszubildenden ein. Auf Antrag des Auszubildenden ist die Berufsschulnote, die Leistung in der Berufsschule, in das Zeugnis mit aufzunehmen.

Das **Arbeitszeugnis** des Betriebes muss drei Kriterien beachten:
- Die Wahrheit: Es muss wahr sein.
- Die Klarheit: Ein Überblick über die durchgeführten Arbeiten ist zu geben.
- Das Wohlwollen: Das Zeugnis darf nach Möglichkeit bei der Arbeitssuche nicht hinderlich sein.

Um negative Formulierungen im qualifizierten Zeugnis zu vermeiden, bedienen sich die Betriebe einer speziellen Ausdrucksweise, die Eingeweihten bekannt ist.

So lautet eine sehr gute Beurteilung „stets zu unserer vollsten Zufriedenheit" und eine gute Leistung „stets zu unserer vollen Zufriedenheit". „Er bemühte sich" würde dagegen besagen, er wollte zwar eine gute Arbeit machen, es gelang ihm aber nicht.

Grundlage für das Arbeitszeugnis stellen die Lernerfolgskontrollen und Beurteilungen dar. Gegen das Arbeitszeugnis kann der Auszubildende auch Klage einreichen.

Betriebliche Beurteilungen für das Zeugnis
Aufgrund der Lernerfolgskontrollen und Beurteilungen wird das Arbeitszeugnis erstellt. Es ist wichtig für die weitere berufliche Karriere.

Die Beurteilungen sind ein wichtiges Instrument für die Ausbildung zur Aufdeckung von Lernlücken und als Feedback für die Auszubildenden, siehe auch Abschnitt 3.8 in diesem Buch.

4.4 *Information und Beratung Auszubildender bezüglich Weiterbildung*

> **§** **§ 1 BBiG Ziele und Begriffe der Berufsbildung**
> (4) Die berufliche Fortbildung soll es ermöglichen, die berufliche Handlungsfähigkeit zu erhalten und anzupassen oder zu erweitern und beruflich aufzusteigen.

Im Gegensatz zur Vergangenheit ist heute ein lebenslanges Lernen notwendig. Die Wirtschaft unterliegt einem ständigen Wandel. Dies verlangt von allen Berufstätigen eine fortlaufende Anpassung oder auch Neuorientierung. Daher spielt die Weiterbildung eine stets wachsende Rolle.

Nach der Ausbildung soll der junge Mensch in seinen Kenntnissen, Fertigkeiten und Fähigkeiten, aber auch in der beruflichen Tätigkeit nicht stehenbleiben. Er sollte versuchen, sich seinen Begabungen entsprechend weiterzuentwickeln. Der Ausbilder sollte ihm auch hier später ein Ansprechpartner und Berater sein, um ihm weiterhin den richtigen Weg für seine Karriere zu weisen.

Vier Arten von Weiterbildung werden unterschieden:

Die Erhaltungsfortbildung	bringt den Berufstätigen schon einmal vorhandene Qualifikationen wieder bei. Eine Auffrischung beispielsweise von Kenntnissen im Rechnungswesen kann dem kaufmännischen Mitarbeiter nach einer Arbeitspause, etwa nach einer Schwangerschaft oder der Elternzeit, helfen, wieder schneller Fuß zu fassen.

Die Erweiterungsfortbildung	ergänzt bisherige Qualifikationen durch weitere artverwandte Kenntnisse und Fertigkeiten. Ein kaufmännischer Mitarbeiter kennt sich bereits gut mit Programmen wie „Word" oder „Access" aus und lernt ein Tabellenkalkulationsprogramm dazu.
Die Anpassungsfortbildung	aktualisiert das vorhandene Wissen. Der kaufmännische Mitarbeiter, der bisher bereits mit „Office" gearbeitet hat, lernt die neueste Version der „Office-Programme".
Die Aufstiegsfortbildung	qualifiziert mit neuen Lerninhalten für höhere Aufgaben im selben oder in einem anderen Betrieb. Damit sollten finanzielle Verbesserungen einhergehen. Ein Facharbeiter besucht einen Meisterkurs. Ein Meister absolviert eine Fortbildung zum Geprüften Technischen Betriebswirt. Ein Bürokaufmann bildet sich zum Wirtschaftsfachwirt, ein Wirtschaftsfachwirt zum Geprüften Betriebswirt weiter. Für diese Maßnahmen werden wie bei der Ausbildung von der entsprechenden Kammer Prüfungen abgenommen.

Unternehmen tragen die Weiterbildungen finanziell mit. Auch der Staat und insbesondere die Bundesagentur für Arbeit fördern die Teilnahmen an diesen Bildungsmaßnahmen. Aufstiegsfortbildungen werden beispielsweise mittels Meister-BAföG unterstützt.

Stichwortverzeichnis

Literaturhinweise

Jürgen Berthel, Fred G. Becker: **Personal-Management**. Stuttgart 2010

Brigitte Brakelmann: **Die Ausbildereignungsprüfung in Frage und Antwort**. 3. Auflage. Berlin 2012
Aufgaben und Lösungen für die Prüfungsvorbereitung; ergänzt optimal das vorliegende Buch.

Reiner Bröckermann: **Personalwirtschaft. Lehr- und Übungsbuch für Human Ressource Management**. 5. Auflage. Stuttgart 2009

Andreas Buckert, Michael Kluge: **Der Ausbilder als Coach**. Köln 2001

Ehrhard Flato, Silke Reinbold-Scheible: **Zukunftsweisendes Personalmanagement. Herausforderung demografischer Wandel**. München 2008

Dr. H.-P. Freytag, Dr. F. Grasmeher, Dr. Theo Fecher: **Der Ausbilder im Betrieb**. Kassel 2011

Hermann Groß / Stefan Hüppe: **Ausbilden lernen**. Mit CD-ROM. Berlin 2010
Trainings- und Lehrbuch zum Stoff der Ausbildereignungsprüfung, das auch in der Praxis weiter zum Nachlesen und Nachschlagen benutzt werden kann. Die CD-ROM enthält Präsentationen und Materialien.

Johannes Koch: **Ausbilden lernen: ein Methodenkonzept für AdA-Lehrgänge**. Hrsg.: Bundesinstitut für Berufsbildung, Bielefeld 1999

Bernd Ott: **Grundlagen des beruflichen Lernens und Lehrens**. 4. Auflage. Berlin 2011
Lehrbuch zum ganzheitlichen Lernen in der beruflichen Bildung, das zwölf wesentliche Aspekte berücksichtigt (u.a. Bildungstheorie, Lernpsychologie, Gruppendynamik, Didaktik, Methodik, Zielplanung, Unterricht, Unterweisung, Prüfungsmethodologie).

Über den Autor

 Immo Maier hat an der Universität Regensburg Betriebswirtschaft studiert. Nach Einsätzen im Controlling, in der Geschäftsleitung und in der Außenwirtschaftsberatung hat er 1996 ein eigenes Beratungsunternehmen speziell für kleine und mittlere Unternehmen gegründet. Schwerpunkte seiner Beratungstätigkeit sind die Existenzgründung, die Existenzsicherung und Coaching. Seit 1999 ist er zudem als Dozent in der Erwachsenenbildung tätig.